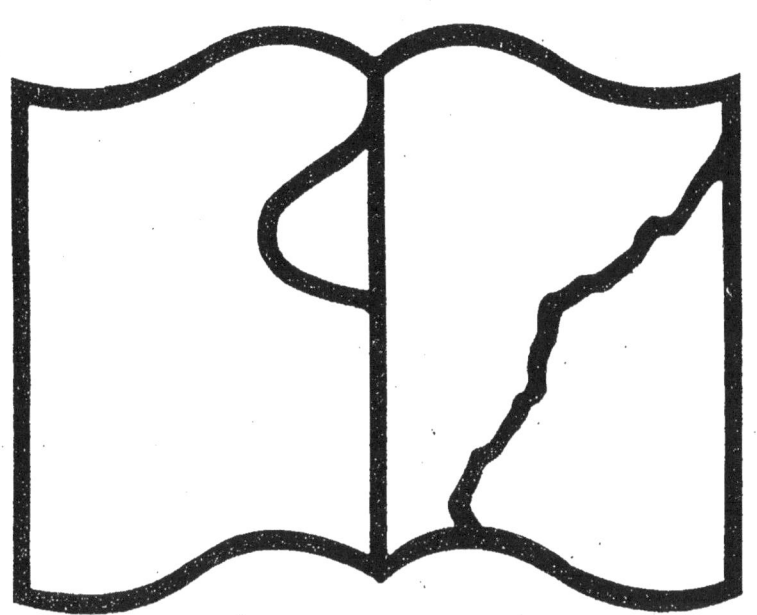

Texte détérioré — reliure défectueuse

NF Z 43-120-11

L. BOURRILLY

L'École Centrale
du Département du Var

de l'an VI à l'an XII de la République

TOULON
IMPRIMERIE ET LITHOGRAPHIE A. BORDATO
7, Rue Neuve, 7

1903

L'Ecole Centrale
du Département du Var

DE L'AN VI A L'AN XII DE LA RÉPUBLIQUE

Par

Louis BOURRILLY

Inspecteur de l'Enseignement Primaire
Officier de l'Instruction Publique
Président Honoraire de l'Académie du Var

L'École Centrale
DU
Département du Var
de l'An VI a l'An XII de la République

En 1789, l'oratorien Daunou, plus tard membre de la Convention et président des Cinq-Cents, publia, dans une série de lettres, un remarquable plan d'éducation qui embrassait l'enfance et l'adolescence, mais qui n'eut pas les honneurs de la discussion devant l'Assemblée nationale.

Poursuivant le même but, Talleyrand préconisait une éducation appropriée aux idées nouvelles et aux besoins sociaux et politiques nés de la Révolution. Il démontrait, dans son projet, la double nécessité de l'instruction, d'abord pour éclairer la conscience et développer la raison ; en outre, pour rapprocher les hommes en amoindrissant l'inégalité des esprits.

La discussion fut passionnée, et le projet présenté à la veille de la séparation de la Constituante fut ajourné à l'Assemblée Législative.

C'est Condorcet qui fut chargé de rédiger pour la nouvelle assemblée un plan d'éducation que les événements empêchèrent de discuter, mais qui servit de base aux travaux des Conventionnels.

Comme Talleyrand, Condorcet était convaincu de l'effet moralisateur de l'instruction, et il voulait qu'elle fût le contrepoids de la liberté et de l'égalité.

Nous ne ferons que mentionner le plan utopique, renouvelé de l'antique Sparte, et conçu par Lepelletier Saint-Fargeau. D'après lui, les enfants appartiennent avant tout à la République. C'est pourquoi, il faut les enlever à la famille dès l'âge de cinq ans, et les élever de la même manière, filles et garçons, dans des internats, aux frais de l'Etat.

Romme, Fourcroy, Bouquier, Chénier élaborent successivement des projets d'éducation nationale.

« Les enfants, dit Edgard Quinet, préoccupent la Convention plus que les hommes ; c'est le seul point qu'elle ne se lasse pas de corriger, de revoir, de refaire ; sa patience à ce sujet est infinie. Spectacle unique que l'enfant ainsi protégé par les rudes mains qui s'appuient à l'échafaud (1). »

Le décret du 29 frimaire an II donne force de loi au plan d'organisation proposé par Bouquier. Il consacrait la liberté de l'enseignement moyennant quelques formalités et la production d'un certificat de civisme et de bonnes mœurs, la surveillance immédiate des instituteurs et institutrices par les pères de famille. Il établissait la gratuité de l'enseignement et l'obligation pour les parents, sous des peines rigoureuses, d'envoyer leurs enfants à l'école pendant trois ans au moins.

Après la chute de Robespierre, le Comité d'instruction publique, sur le rapport de Lakanal, fit adopter la loi du 27 brumaire an III (17 novembre 1794)

La liberté de l'enseignement privé était consacrée ; les instituteurs et les institutrices publics étaient salariés par la République.

---

(1) La Révolution, T. II, p. 120.

Quant au programme, il était trop vaste et trop complexe ; mais il témoigne au moins d'idées généreuses, ainsi qu'on peut en juger par le texte suivant :

CHAPITRE IV.

Art. 2. — On enseignera aux élèves :
1· A lire et à écrire, et les exemples de lecture rappelleront leurs droits et leurs devoirs ; 2· La déclaration des droits de l'homme et du citoyen et la Constitution de la République Française ; 3· On donnera des instructions élémentaires sur la morale républicaine ; 4· Les élémens de la langue française, soit parlée, soit écrite ; 5· les règles du calcul simple et de l'arpentage ; 6· Les élémens de la géographie et de l'histoire des pays libres ; 7· Des instructions sur les principaux phénomènes et les productions les plus usuelles de la nature ; 8· On fera apprendre le recueil des actions héroïques et les chants de triomphe.

Art. 4. — Les élèves seront instruits dans les exercices les plus propres à maintenir la santé et à développer la force et l'agilité du corps. En conséquence, les garçons seront élevés aux exercices militaires auxquels présidera un officier de la garde nationale désigné par le jury d'instruction.

Art. 5. — On les formera, si la localité le comporte, à la natation.

Art. 7. — Les élèves des écoles primaires visiteront plusieurs fois l'année, avec les instituteurs, et sous la conduite d'un magistrat du peuple, les hôpitaux les plus voisins.

Art. 8. — Les mêmes jours, ils aideront, dans leurs

travaux domestiques et champêtres, les vieillards et les parens des défenseurs de la patrie.

Art. 9. — On les conduira quelques fois dans les manufactures et les ateliers où l'on prépare les marchandises, afin que cette vue leur donne quelque idée des avantages de l'industrie humaine et éveille en eux le goût des arts utiles.

Art. 10. — Une partie du temps destiné aux écoles sera employée à des ouvrages manuels de différentes espèces utiles et communes. »

Une loi du 7 ventôse an III (26 février 1795) complétait celle de brumaire ; elle portait suppression « de tous les anciens établissements consacrés à l'instruction publique sous le nom de *Collèges* et salariés par la nation », et il y substituait les *Ecoles Centrales*.

Cette loi, qui supprimait d'un trait les collèges de l'ancien régime, fut rendue sur le rapport suivant présenté par Lakanal au nom du Comité d'instruction publique et des finances:

« Je viens soumettre à la discussion le projet d'organisation des écoles centrales, imprimé et ajourné par décret de la Convention. Les bases financières de ce travail ont été présentées au Comité général des finances qui les a adoptées.

Citoyens, si vous n'étiez pas convaincus que la République Française ne peut se maintenir et prospérer que par l'instruction, et que la liberté, sans les lumières, ne fut jamais qu'une bacchante effrenée, je vous dirais, pour vous porter à fonder les établissements que nous vous proposons, qu'un grand nombre de départements les ont réclamés par des adresses multipliées (*suit une longue liste*).

...Je vous dirais que plusieurs représentants en mission et que divers départements ont, par des arrêtés particuliers, changé le mode d'instruction publique dans différents collèges. Il importe de faire cesser cette dissonnance, car l'unité de la République appelle l'unité de l'enseignement.

Je vous dirais que les établissements proposés sont en quelque sorte des cadres ouverts pour recevoir les élèves de l'Ecole normale qui se seront le plus distingués pendant la durée des cours, et un nouveau motif d'émulation donné à leur amour pour la propagation des lumières ; des cadres ouverts pour recevoir, dans toute l'étendue de la République, des hommes éclairés et vertueux qui ont échappé à la faulx du vandalisme.

Citoyens, vous avez fondé l'Ecole normale, et cet établissement, en opérant un grand déversement de lumière dans les départements, consolera les sciences, les lettres et les arts des ravages de l'ignorance et de la tyrannie.

Les écoles primaires s'organisent de toutes parts ; les livres élémentaires sont composés ; il vous reste un pas à faire pour monter tout le système de l'instruction nationale, et ce pas sera un grand bienfait pour la génération qui s'avance. » (1)

La loi du 7 ventôse était ainsi conçue :

« La Convention Nationale, ouï le rapport de ses Comités d'instruction publique et des finances, décrète :

---

(1) MONITEUR UNIVERSEL ou GAZETTE NATIONALE du 10 ventôse an III (28 février 1795) p. 655.

CHAPITRE PREMIER

Institution des Ecoles Centrales

Art. Premier. — Pour l'enseignement des sciences, des lettres et des arts, il sera établi dans toute l'étendue de la République des *Ecoles Centrales* distribuées à raison de la population ; la base proportionnelle sera d'une école par trois cent mille habitans.

Art. II. — Chaque école centrale sera composée d'un professeur :

1° de mathématiques ; 2° de physique et de chimie expérimentale ; 3° d'histoire naturelle ; 4° d'agriculture et de commerce ; 5° de méthode des sciences ou logique ; 6° d'économie politique et de législation ; 7° d'histoire de la philosophie des peuples ; 8° d'hygiène; 9° d'arts et métiers ; 10° de grammaire générale ; 11° de belles lettres; 12° de langues anciennes; 13° de langues vivantes les plus appropriées aux localités ; 14° des arts du dessin.

Art III. — Dans toutes les écoles centrales les professeurs donneront leurs leçons en français.

Art. IV. — Ils auront tous les mois une conférence publique sur les matières qui intéressent les progrès des sciences, des lettres et des arts les plus utiles à la société.

Art. V. — Auprès de chaque école centrale il y aura :

1° Une bibliothèque publique ; 2° un jardin et un cabinet d'histoire naturelle ; 3° un cabinet de physique expérimentale ; 4° une collection de machines et modèles pour les arts et métiers.

Art. VI. — Le Comité d'instruction publique demeure chargé de faire composer les livres élémentaires qui doivent servir à l'enseignement dans les écoles centrales.

Art VII. - Il sera statué par décret particulier sur le placement de ces écoles.

CHAPITRE II
Jury Central d'Instruction

Art. Premier. — Les professeurs des écoles centrales seront examinés, élus et surveillés par un *Jury central d'instruction* composé de trois membres nommés par le Comité d'instruction publique.

Art. II. — Le jury central sera renouvelé par tiers tous les six mois ; le commissaire sortant pourra être réélu.

Art. III. — Les noms des professeurs seront soumis à l'approbation de l'administration du département.

Art. IV. — Si l'administration refuse de confirmer la nomination faite par le Jury central, il pourra faire un autre choix.

Art. VI. — Les plaintes contre les professeurs seront portées directement au jury central d'instruction publique.

Art IX. — Le traitement de chaque professeur des écoles centrales est fixé provisoirement à *trois mille* livres.

Dans les communes dont la population s'élève à plus de quinze mille habitants, ce traitement sera de *quatre mille* livres.

Dans les communes au-dessus de soixante mille habitans, il sera de *cinq mille* livres.

Art. X. — Il sera alloué tous les ans à chaque école centrale une somme de six mille livres pour frais d'expériences, salaire des employés à la garde de la bibliothèque, du cabinet d'histoire naturelle et pour toutes les dépenses nécessaires à l'établissement.

Art. XI. — Le Comité d'instruction publique est chargé d'arrêter les règlements sur le régime et la discipline intérieure des écoles centrales.

CHAPITRE III

Elèves de la Patrie

Art. Premier. — Les élèves qui, dans la *Fête de la Jeunesse*, se seront le plus distingués et auront obtenu plus particulièrement les suffrages du peuple recevront, s'ils sont peu fortunés, une pension annuelle pour se procurer la facilité de fréquenter les écoles centrales.

Art. II. — Des prix d'encouragement seront distribués tous les ans en présence du peuple, dans la *Fête de la Jeunesse*. Le professeur des élèves qui auront remporté le prix recevra une couronne civique.

Art. III. — En conséquence de la présente loi, tous les anciens établissemens consacrés à l'instruction publique sous le nom de *Collèges*, et salariés par la Nation, sont et demeurent supprimés dans toute l'étendue de la République.

Art. IV. — Le Comité d'instruction publique fera un rapport sur les monumens et établissemens déjà consacrés à l'enseignement public des sciences et des arts, comme les jardins des plantes, les cabinets d'histoire naturelle, les terrains destinés à des essais de culture, les observatoires, les sociétés des savants et artistes, qu'il serait bon de conserver dans les nouveaux plans d'instruction nationale.

Collationné.

Signé : Bourdon (de l'Oise),
président (1).

La substitution des *Ecoles Centrales* aux Collèges de l'ancien régime se rattachait au plan politique qui consistait à faire disparaître toute trace du passé ; mais elle avait surtout pour objet de supprimer en grande partie l'enseignement des langues anciennes et d'étendre le programme des connaissances directement utiles au plus grand nombre.

« Ces écoles, disait Lakanal, ne sont pas des écoles secondaires. Celles-ci sont devenues inutiles par l'étendue que vous avez donnée aux écoles ouvertes à l'enfance. Les écoles primaires présentent, en effet, tous les germes des connaissances qui seront enseignées dans les écoles centrales ; des établissements intermédiaires, des écoles de district ou de canton seraient superflues. »

Ce fut là une énorme erreur : les écoles primaires s'organisèrent d'une manière tout à fait insuffisante et ne se prêtèrent nullement au recrutement des écoles centrales, qui étaient d'ailleurs des *externats* et ne pouvaient trouver un recrutement de quelque importance que dans les grandes villes. Il s'ensuivit que malgré la création de bourses d' « élèves de la patrie » les écoles

---

(1) Série I, Bull. des Lois 127, n° 670.

centrales végétèrent jusqu'à la loi de l'an X, qui rétablit les collèges.

Mais cette tentative de rénovation scolaire, à un point de vue particulièrement utilitaire, reprise de nos jours sous le nom d'enseignement *spécial* ou *moderne*, vaut d'être racontée malgré son peu de succès.

Dès que la municipalité de Draguignan eut connaissance de la loi de ventôse, elle chargea un délégué de demander à la Convention la désignation de cette ville comme siège de l'école centrale du Var. Elle faisait valoir qu'avant la Révolution, Draguignan possédait un collège fort important et que si sa population était inférieure à celle de « Port la Montagne » ou de Grasse, il occupait une position plus centrale que ces deux villes « placées à l'extrémité du département ». (1)

La Convention voulant ménager les intérêts de Toulon et de Draguignan comprit ces deux villes parmi celles qui devaient être dotées d'une école centrale, et qui étaient pour les départements du sud-est : Aix, Nice, Digne, Nimes, Montélimar, Montpellier, Lodève. Il n'était pas fait mention de Marseille. (2)

Mais peu après, la Convention arrivée presque au terme de son mandat rendit une loi qui suspendait les travaux à faire aux bâtiments destinés à recevoir les écoles centrales :

« La Convention nationale, après avoir entendu le Comité d'instruction publique, décrète que les travaux

---

(1) Séance du Conseil municipal du 3 Germinal, an III.

(2) Loi du 18 Germinal, an III (7 avril 1795). Série I, Bull. des Lois 134, n° 746.

relatifs aux dispositions à faire aux bâtimens destinés aux écoles centrales et commencés par ordre des représentans du peuple en mission, seront suspendus dans toute l'étendue de la République à la réception du présent décret. » (1)

Ainsi, la Convention se sentait impuissante pour exécuter le plan trop vaste qu'elle avait conçu.

En effet la loi du 27 brumaire an III eut le sort de ses devancières, celle du 7 ventôse suivant resta en suspens, et le jour même de sa séparation (3 brumaire an IV — 25 octobre 1795), à la suite du rapport de Daunou, la Convention vota la dernière loi organique scolaire de la période révolutionnaire et détruisit toute l'œuvre pédagogique ébauchée si péniblement depuis 1789.

L'enseignement élémentaire fut réduit à un programme presque infime :

« Dans chaque école primaire, on enseignera à lire, à écrire, à calculer et les élémens de la morale républicaine. »

En ce qui concerne les écoles centrales, le plan édicté par loi du ventôse an III fut ramené à des proportions plus modestes :

TITRE II.
Ecoles Centrales

ARTICLE PREMIER. — Il sera établi une école centrale dans chaque département de la République.

ART. II. — L'enseignement y sera divisé en trois sections juxtaposées.

---

(1) Loi du 9 messidor an III (27 juin 1795). Série I, Bull. des Lois 158, n° 930.

Il y aura dans la première section :

Un professeur : 1° de dessin ; 2° d'histoire naturelle ; 3° de langues anciennes ; 4° de langues vivantes lorsque les administrateurs du département le jugeront convenable.

Il y aura dans la deuxième section :

Un professeur : 1° de mathématiques ; 2° de physique et de chimie expérimentales.

Il y aura dans la troisième section :

Un professeur : 1° de grammaire ; 2° de belles-lettres ; 3° d'histoire ; 4° de législation.

Art. III. — Les élèves ne seront admis aux cours de la première section qu'après l'âge de 12 ans ; aux cours de deuxième qu'après l'âge de 14 ans accomplis ; aux cours de la troisième qu'à l'âge de 16 ans au moins.

Art. IV. — Il y aura auprès de chaque école centrale une bibliothèque publique, un jardin, un cabinet d'histoire naturelle, un cabinet de chimie et de physique expérimentales.

Art. VII. — Le salaire annuel et fixe de chaque professeur est le même que celui d'un administrateur du département. Il sera, de plus, réparti entre les professeurs le produit d'une rétribution annuelle, déterminée par l'administration du département, mais qui ne pourra excéder 25 livres pour chaque élève.

Art. VIII. — Pourra néanmoins l'administration du département excepter de cette rétribution un quart des élèves de chaque section pour cause d'indigence.

Art. X. — Les communes qui possédaient des établissemens d'instruction connus sous le nom de *Collèges*, et dans lesquels il ne sera pas placé d'école centrale, pourront conserver les locaux qui étaient affectés auxdits collèges pour y organiser à leurs frais des écoles centrales supplémentaires (1). »

En exécution de l'article premier de cette loi, l'école centrale du Var fut placée à Toulon ; mais, à la faveur de l'art. 10, la ville de Draguignan fut autorisée à organiser à ses frais une école centrale supplémentaire, qui fut livrée à des particuliers et transformée en simple pensionnat, sans grand succès d'ailleurs.

Une loi du 20 pluviôse an IV assimila les bibliothécaires des écoles centrales aux professeurs de ces établissements (2).

Le premier germinal (21 mars 1796), le Conseil des Anciens fixa les règles à suivre par les jurys d'instruction pour la nomination aux places de professeurs des écoles centrales (3).

---

(1) Loi du 3 brumaire an IV. — Série I, Bulletin 203, n° 1216.

(2) « Le Conseil des Cinq Cents considérant que dans un grand nombre de communes de la République, les livres et manuscrits appartenant à la Nation disparaissent de jour en jour faute de soins nécessaires à leur conservation ; qu'il importe à l'instruction, d'où dépend le salut de la République, que le Conseil prenne les mesures les plus promptes pour conserver les livres et manuscrits dont il s'agit, et pour en faire jouir les citoyens, le Conseil prend la résolution suivante :

Les bibliothécaires des écoles centrales instituées par la loi du 3 Brumaire dernier sont assimilés, pour leur nomination et leur traitement, aux professeurs des dites écoles. »

Série II, Bulletin 26, n° 173.

(3) « Le Conseil des Anciens, considérant qu'il importe d'organiser sans délai les écoles centrales, d'y appeler des hommes instruits, et, en fixant le véritable sens de l'article V de la loi du 3 Brumaire dernier, de donner aux jurys d'instruction chargés d'examiner et élire les professeurs des écoles centrales toute la latitude qu'exige un choix aussi intéressant,

Enfin, pour compléter cette organisation (car tout restait à faire), le même Conseil décida le 25 Messidor an IV que les écoles centrales seraient établies dans les locaux des anciens collèges.

Ce fut après avoir entendu le rapport du savant Fourcroy qui, tantôt avec la précision du mathématicien, tantôt dans le style pompeux de l'époque, fait le procès de la méthode scolastique de l'ancien régime et exalte les bienfaits de la nouvelle institution.

Ce rapport est un document très précieux qui fait connaître exactement la situation scolaire après la réaction thermidorienne, les difficultés matérielles que la Convention avait rencontrées dans son œuvre de rénovation de l'éducation publique, les projets capables d'en amener la réalisation, et les espérances qui étaient dans le cœur de tous. Nous croyons devoir en reproduire les parties les plus saillantes :

CONSEIL DES ANCIENS
Présidence de Portalis

Séance du 25 messidor, An IV

« Vous avez nommé le 10 messidor une commission pour examiner la résolution du Conseil des Cinq Cents,

---

Déclare qu'il y a urgence.

Le Conseil après avoir déclaré l'urgence prend la résolution suivante :

Article Premier. — Les jurys d'instruction établis par la loi du 3 brumaire dernier peuvent élire, malgré leur absence, les sujets que, sur la notoriété publique et les preuves antérieurement faites, ils jugeront, en leur âme et conscience, être les plus propres à remplir les places de professeurs des écoles centrales. »
Série II, Bulletin 35, n° 258.

du 8 du même mois, sur les emplacements destinés aux écoles centrales. Je viens au nom de cette commission vous rendre compte du résultat de ses observations et de ses pensées.

Une première réflexion qui l'a frappée dans l'examen de cette résolution, c'est qu'en effet rien n'est plus instant que d'accélérer l'organisation de l'instruction publique, et que, pour y parvenir, il est urgent de fixer les emplacements des écoles centrales ; aussi votre commission, en vous proposant de consacrer par votre adoption des motifs aussi pressants pour la chose publique, a-t-elle pensé que vous deviez en décréter l'urgence.

Sans doute l'importance de pareils motifs, que vous avez déjà reconnus dans plusieurs circonstances relativement au même sujet, doit autoriser votre commission à vous en entretenir avec quelque étendue ; votre commission sait d'ailleurs combien vous faites cas de tout ce qui a rapport à l'instruction ; elle connaît le vif intérêt que vous y prenez, la haute estime que vous avez pour tous ceux qui s'occupent de la rétablir et de la perfectionner, la place que vous donnez à ce beau sujet parmi les points de la législation les plus immédiatement influents sur le bonheur public. Elle a donc cru qu'il était de son devoir de vous entretenir de l'état où se trouve en ce moment l'enseignement public, elle a pensé que le Conseil des Anciens devait avoir sans cesse les yeux ouverts sur l'éducation et la formation de la jeunesse, sur l'établissement des écoles, sur l'agrandissement du domaine des lettres, des sciences et des arts ; et en me chargeant d'être son organe à cette tribune, elle m'a imposé un devoir que je remplis avec d'autant plus d'empressement et d'assurance, que je n'ai point oublié l'intérêt que vous m'avez déjà témoigné dans une circonstance analogue.

Elle a pensé encore que des vérités trop peu connues, que des notions trop peu répandues ou trop oubliées, publiées dans cette enceinte et fortifiées par l'attention et le vœu du Conseil des Anciens, parcourraient rapidement toute la République, frapperaient les administrations départementales et donneraient à l'exécution des lois qui concernent l'instruction une activité et un succès qui sont malheureusement encore à désirer.

Quel moment d'ailleurs pour parler des avantages des sciences et des arts, des encouragements qui leur sont dus, du moyen d'en multiplier la communication et d'en accélérer le progrès que celui où les victoires de nos braves armées préparent à la République une paix stable et glorieuse ; où les rois vaincus, déposant les armes devant la majesté du Peuple Français, vont reconnaître la puissance de cette République qui les forcera pour toujours de respecter le sang, comme le droit des hommes !

Quel moment plus brillant pour les sciences qui agrandissent la pensée, pour les lettres et les arts qui font le charme de la vie, que celui où nos triomphes en Italie nous enrichissent de tous les chefs d'œuvre de la Grèce et de Rome !

Quelle époque plus favorable que celle où un général, ami des lettres, rassure, appelle et traite en frères tous ceux qui les cultivent, et rassemble, au milieu même du fracas des armes et sous les ailes de la victoire, les maîtres célèbres et leurs élèves un moment dispersés !

Non, le flambeau des sciences et des arts échappera au souffle impur du vandalisme ; les portes du Panthéon s'ouvriront pour l'immortel Descartes ; les derniers cris de l'ignorance, des préjugés, du fanatisme, seront étouffés par la sagesse et la grandeur des institutions républicaines ; le titre de philosophe ne redeviendra plus un titre de proscription ; les législateurs accueilleront et protègeront tous les hommes qui travaillent au perfectionnement des connaissances. Tout annonce les hautes destinées de la République Française dans la culture des sciences et des arts ; tout nous prédit un prompt accroissement dans les lumières et dans la prospérité qui en est la suite nécessaire. Portons donc notre attention sur les moyens de les répandre ; ne négligeons rien de ce qui peut en propager la prompte communication, et connaissons surtout les obstacles qui s'y opposent pour les lever avec plus de facilité.

Commençons, citoyens collègues, par écarter toutes les illusions qui pourraient nous séduire ; ne croyons pas avoir beaucoup fait, lorsque nous n'avons encore crayonné que quelques faibles esquisses ; ne nous dissimulons ni nos pertes ni notre faiblesse. Si nous avons l'espérance bien fondée de nous relever promptement de l'état de langueur où l'instruction est tombée chez nous, ne prenons pas cet espoir pour une jouissance : il n'est permis qu'aux poëtes, et il doit être défendu aux législateurs de dire *qu'espérer c'est jouir*.

Sans doute un horizon plus heureux s'offre à nos regards ; sans doute après tant d'orages et de malheurs nous touchons bientôt au port ; mais n'oublions pas qu'il nous faut presque tout réparer et même reconstruire.

Je l'ai dit dans une autre occasion, l'instruction publique n'est encore qu'un projet attaché à la Constitution française ; ce projet même est une première esquisse qui n'a ni la forme ni la grandeur dignes du Peuple Français ; ce n'est là ni le vaste plan présenté à la fin de la première assemblée Constituante, et qu'on lui reprochera long-tems de n'avoir pas adopté, ni celui de Concordet que l'Assemblée Législative a également négligé.

Ceux qui ont contribué à l'établissement du projet actuel savent, à la vérité, que pour être conçu beaucoup moins en grand il n'en a pas moins des rapports essentiels avec ses deux prédécesseurs ; ils savent qu'il contient une foule de pierres d'attente, qu'il est susceptible d'amélioration et d'agrandissement ; ils l'ont, en quelque manière, mesuré sur les circonstances au milieu desquelles il a été adopté ; et l'on peut même dire qu'au milieu des tourmentes où il a pris naissance, il est peut-être plus que ce qu'il semblait devoir être. Mais ses auteurs ont fondé leurs espérances sur le corps législatif qui devait leur succéder ; ils ont senti que, plus heureux qu'eux, les premiers législateurs constitutionnels reprendraient et étendraient leur plan, agrandiraient leurs premières pensées, complèteraient ce qu'ils n'avaient pu qu'ébaucher ; et que, faible dans son état naissant, mais susceptible d'une grande extension, cette ébauche pouvait devenir, dans des tems plus ou moins heureux, un riche tableau des connaissances humaines ; ils savaient qu'entre les écoles primaires et les écoles centrales, ils laissaient un vide qui serait tôt ou tard rempli par des écoles secondaires, et que la force des choses conduirait le législateur à les établir. Ils ne doutaient pas que les écoles centrales ne fussent susceptibles de correction et d'amélioration; ils connaissaient tout le parti que le corps législatif pourrait tirer des écoles spéciales, source féconde de tout ce qu'il y a de grand, de beau, de sublime dans l'enseignement des hautes sciences, des lettres et des arts ; ils n'ignoraient pas combien de ressources offrirait l'Institut national aux législateurs qui en connaîtraient la force et l'importance ; ils étaient assurés que ce sanctuaire des sciences et des arts fournirait au besoin toutes les lumières et toutes les données utiles à la création et au perfectionnement de tous les genres d'instruction et d'enseignement. Enfin, ces mêmes auteurs du plan adopté vers les derniers temps de la Convention nationale, obligés de mesurer leurs conceptions sur les circonstances qui les avaient si long-tems comprimés, et qui leur fesaient craindre encore de nouveaux revers, ne pouvaient pas se dissimuler les immenses obstacles qui se présenteraient dans l'exécution de leur plan, tout resserré qu'il était. Les événemens n'ont que trop prouvé qu'ils avaient bien jugé. Et comment auraient-ils pu se tromper a cet égard ? N'avaient-ils pas l'assurance que les hommes et les choses manqueraient à la fois ?

Les premiers, livrés long-tems à la proscription, n'avaient ils pas été obligés de se cacher ou d'abandonner leurs études chéries ? Les objets nécessaires à l'instruction n'étaient-ils pas ou détruits, ou dilapidés, ou exportés, ou non reproduits en raison de leur consommation ?

Les immenses dépenses d'une guerre dont l'histoire des hommes n'offre peut-être pas d'exemple, les affreuses dilapidations qui en sont une suite inévitable, l'impérieuse nécessité où le gouvernement devait se trouver encore de ne s'occuper presque que des armées et de préparer leurs victoires; l'état d'inertie, d'anéantissement ou de langueur des manufactures, la vacillation et l'incertitude des lois financières, ne devaient-ils pas rendre impossible, ou rétrécir au moins singulièrement, l'approvisionnement des écoles et le traitement des professeurs?

La jeunesse rejetée aux frontières, un torrent de héros et de vainqueurs employés à la défense publique ; une foule d'hommes instruits, occupés jusque-là de l'enseignement des sciences et des lettres, forcés soit par la nature des événemens politiques, soit par la nécessité de vivre, de se livrer au travail des administrations et des bureaux; les affreux succès que les méchans avaient obtenus dans l'art de pervertir la morale du Peuple, d'attiser les passions, de falsifier ses idées les plus simples et de l'éloigner de toute instruction, tout cela ne devait-il pas multiplier les obstacles et s'opposer à l'organisation des écoles ? Et avec de pareils élémens était-il permis d'espérer une composition utile et durable, pouvait-on même espérer une composition quelconque ? N'en doutez pas, des obstacles trop réels devaient retarder l'organisation des écoles, et se faire sentir surtout dans l'établissement des écoles primaires et des écoles centrales. *Aussi, quoique décrétées depuis plus de huit mois, quoique déjà préparées par des décrets antérieurs, qui ont aujourd'hui près de deux ans de date, ces institutions utiles ne sont presque encore que des projets.....*

Il a paru à la Commission d'abord qu'une des

principales causes qui avaient retardé l'exécution de la loi sur les écoles centrales, outre celles qui dépendent des circonstances inséparables d'une révolution, et surtout des malheurs que nous avons éprouvés dans la nôtre, provenait de ce que le genre, la nature même de ces écoles n'étaient pas suffisamment connus des administrateurs qui sont chargés de leur établissement ; et que si les premières difficultés dépendantes de la pénurie des choses et des hommes ne pouvaient être réparées que par le tems, il était au pouvoir des législateurs de faire cesser les secondes, en développant leur pensée, en faisant connaitre avec plus de précision et d'exactitude ce qu'ils ont voulu, aux hommes chargés d'accomplir leurs vœux et de réaliser leurs espérances...

C'est une belle pensée, sans contredit, que celle d'établir dans tous les points de la République des écoles où les branches principales des connaissances humaines seront enseignées; où les sciences utiles et trop éloignées jusqu'ici de la jeunesse avide d'apprendre seront mises à la portée du plus grand nombre ; où les ouvrages de la nature et les phénomènes du monde seront exposés aux jeunes gens, en même tems qu'on déroulera à leurs yeux les pages de l'histoire et le tableau du perfectionnement successif de l'homme en société, soit dans ses mœurs privées et publiques, soit dans le mécanisme des associations politiques.

Grâces éternelles soient rendues à cette étonnante Convention qui dans les orages perpétuels des révolutions, au milieu même du chaos révolutionnaire, entourée des débris et des décombres sous lesquels le vandalisme menaça tant de fois de l'ensevelir tout entière, n'a jamais désespéré de la chose publique, et a conçu le vaste projet d'élever, sur les ruines des sciences et des arts, une foule de monumens destinés à les faire renaître, à en répandre et à en féconder le germe, et à multiplier tout à coup les canaux de l'instruction sur la surface entière de la République. On dirait que dans la conscience de ses forces et de son énorme puissance, accoutumée aux succès et aux victoires, supérieure à tous les obstacles, conduite enfin par le génie du Peuple français, elle a fondé sur ses destinées et mesuré en quelque sorte sur sa taille colossale des institutions dont aucun tems ni aucun lieu n'ont encore offert l'image.

Quatre-vingt-dix écoles centrales semblent tout à coup sortir du néant, et succéder à des collèges où des méthodes encore gothiques se bornaient presque à ressasser pendant de longues années les élémens d'une langue morte, la source, à la verité, de toutes les beautés littéraires, mais en même tems celle d'une stérile abondance et d'une pédantesque élocution pour le plus grand nombre des jeunes gens qu'on y fatiguait de longues et ennuyeuses répétitions. Ici, au contraire, les langues ne sont qu'un des moindres objets, et peut-être trop resserrés de leurs études.

On les appelle à des réjouissances plus multipliées, à des études plus attrayantes. C'est le spectacle de la nature et de ses créations, c'est la mécanique du monde et la scène variée de ses phénomènes, qu'on offre à leur active imagination, à leur insatiable curiosité. Ils n'auront plus à pâlir sur de tristes rudimens, sur d'insignifiantes et menteuses syntaxes, sur des leçons mille fois rebattues et mille fois oubliées ; on ne bornera plus leurs facultés intellectuelles à la seule étude des mots et des phrases : ce sont des faits, ce sont des choses dont on ornera leur mémoire.

Aux sciences physiques et mathématiques, on associera l'exercice si utile qui apprend à représenter sur des plans les objets avec leurs formes, leurs dimensions, leurs positions respectives ; on alliera aux langues anciennes l'étude des principales langues vivantes, dont l'insouciante ignorance peut seule méconnaître l'utilité pour le commerce et les négociations. Aux principes et aux exemples de la belle littérature, on associera le mécanisme général des langues ; au lieu de quelques traits de l'histoire grecque et romaine, qui ne donnaient autrefois dans nos collèges qu'une idée confuse de ces deux peuples fameux, et qui semaient dans nos jeunes esprits quelques germes de républicanisme que le despotisme monarchique et ses habitudes devaient bientôt y étouffer ou y comprimer, on offrira à de jeunes républicains la série non interrompue de l'histoire des hommes depuis les tems fabuleux jusqu'aux époques modernes ; on fera germer dans leur âme l'amour de la liberté par les grands exemples des nations qui en ont joui, et l'amour des vertus par ceux des philosophes qui les ont cultivées. La science sociale, l'art de gouverner les hommes par les lois, les rapports des peuples par l'industrie et le commerce, sciences qui se composent réellement de toutes les autres aux yeux des législateurs habiles, feront le complément de cette instruction consacrée à l'adolescence depuis douze ans jusqu'à dix-huit ans.

Tel est l'ensemble des connaissances que doivent

embrasser les écoles centrales. Dix professeurs dans chacune sont employés à fournir cette belle carrière, en la comparant à celle qu'on fesait naguère encore parcourir aux jeunes gens dans l'âge auquel on veut l'ouvrir aujourd'hui, on reconnait une grande et utile conception mise à la place de la mesquine et pédantesque répétition qui caractérisait nos anciens collèges.

On conçoit qu'en établissant ces institutions centrales telles que le législateur les a conçues, au lieu de feseurs d'amplifications, au lieu de présomptueux bavards, ou d'ignorans écoliers que nous étions en général en sortant du collège, nos jeunes gens auront l'esprit meublé de connaissances utiles en entrant dans le monde, et qu'ils ne seront plus, comme nous nous rappelons l'avoir été presque tous, obligés de recommencer des études pour rectifier ou perfectionner ce qui était mal appris ou trop superficiellement enseigné, d'oublier une foule de choses inutiles, pour apprendre l'essentiel qui nous manquait, de chasser les préjugés et les erreurs de tous les genres pour faire place à quelques vérités, de faire souvent table rase dans notre esprit pour y admettre les notions saines et vraies des sciences ou des arts qui étaient indispensables aux professions que nous voulions embrasser.

La nécessité d'un pareil changement dans les études était sentie depuis long-tems même dans les collèges ; la plupart des professeurs de ces anciens établissemens, chargés des hautes classes, depuis la rhétorique jusqu'à ce qu'on y appelait souvent si improprement la philosophie, avaient déjà modifié d'eux-mêmes le sujet de leurs leçons, et au lieu des méthodes scolastiques et des classifications surannées qu'une vieille habitude semblait y avoir éternisées, ils commençaient depuis plusieurs années à donner à leurs élèves des élémens plus exacts et des principes plus purs des sciences mathématiques et physiques. Mais ce n'était qu'une bien légère amélioration, qui n'aurait certainement produit qu'avec beaucoup de lenteur le bien que les professeurs de quelques universités de France s'en étaient flattés d'obtenir ; souvent même ils trouvaient dans la routine et les anciens préjugés une résistance qui ne leur laissait aucun pouvoir de mieux faire. Aussi, sous ce point de vue, la suppression des universités et des collèges qui en dépendaient fut une chose utile, et leur remplacement par les écoles centrales fut une chose grande... » (1)

Plusieurs départements durent répondre à l'appel des pouvoirs publics pour l'organisation des écoles primaires et centrales, car le ministre compétent prescrivit à la fin de l'année scolaire de dresser une statistique des établissements d'instruction publique de tout ordre. (2)

---

(1) *Moniteur Universel* ou *Gazette Nationale* du 30 messidor et du 1ᵉʳ thermidor an IV, p. 1200 et 1202.

(2) *Paris, le 20 fructidor,* An V de la République Française, une et indivisible.

Le Ministre de l'Intérieur aux Administrations centrales des départemens et aux Commissaires du Directoire exécutif près de ces administrations.

« De tous nos devoirs, Citoyens, il n'en est aucun qui exige une sollicitude plus soutenue, plus réfléchie, aucun dont l'accomp.issement puisse nous procurer des consolations plus douces et une gloire plus réelle, que la surveillance éclairée et la protection des écoles publiques. L'intérêt le plus cher de la société, le besoin des familles et des individus, la génération présente et la postérité appellent nos regards et notre attention sur les maîtres comme sur les élèves, afin de seconder les uns, d'encourager

La création de l'école centrale du Var fut enfin décidée par l'arrêté de l'Administration du département du 2 pluviôse an VI (21 janvier 1798), et le placard suivant fut affiché dans toutes les communes :

---

les autres, et d'honorer tous ceux qui se distinguent par leur zèle, par leurs efforts et leurs succès.

« C'est pour acquitter ce devoir, Citoyens Administrateurs, que je vous recommande de m'envoyer sans nul délai, avant le renouvellement de l'année scolastique, un compte détaillé et un état précis de tout ce qui concerne les établissemens d'instruction publique qui ont été ouverts ou qui auraient dû l'être dans le département que vous administrez.... »

2º *Des Ecoles Centrales*

1º Les édifices consacrés aux écoles centrales ont-ils les convenances que la loi détermine et celles que fait désirer leur destination ?

2º Par quels moyens économiques pourrait-on les approprier ? L'administration locale a-t-elle secondé, contrarié ou négligé ces établissemens ? Les citoyens ont-ils senti l'importance des sacrifices que l'éducation commande à un peuple républicain ?

3º Quelle a été la composition du Jury central, et la conduite de ses membres dans l'exercice de leur ministère ?

4º Quels sont les noms des professeurs, leur âge, et les sciences qu'ils doivent enseigner ? Se sont-ils attachés à inspirer dans leurs leçons la haine de la royauté, l'amour de la patrie et les vertus républicaines ?

5º Combien d'auditeurs ont suivi les cours de chacun d'eux et avec quel succès ? Quels cours ont été plus suivis ?

6º Quels sont les noms et la patrie des élèves qui ont eu des prix ou des *accesit* ? Avec quelle solennité a-t-on distribué les prix ? S'il y a des élèves pauvres qui aient annoncé de grandes dispositions, quelles mesures a-t-on prises pour venir à leur secours, et empêcher qu'ils ne soient privés de l'éducation nationale ?....

On s'est trop attaché dans le premier moment, à traverser et à combattre les écoles centrales avant de constater ce qu'elles pouvaient faire. Les discours les plus imprudens, les inculpations quelquefois les plus hasardées, les critiques les plus futiles ont

EXTRAIT
DES
REGISTRES DES ARRÊTÉS
DE
L'Administration Centrale du Département du Var

Séance du 2 pluviôse, an VI de la République Française

Vu la loi du 3 brumaire de l'an IV sur l'organisation de l'instruction publique ;

Vu les différentes lettres du Ministre de l'Intérieur sur le même objet ;

L'Administration centrale du département du Var, Considérant que l'ignorance est la source des erreurs et des vices ; que l'instruction en éclairant l'esprit, en formant le cœur, assure l'empire des vertus et des lois ;

Considérant que l'anéantissement absolu de l'instruction, lors de la dernière réaction royaliste, a produit le délire et les excès liberticides auxquels a été en proie une jeunesse inconsidérée et séduite ;

été mises en avant pour dégoûter les professeurs. On doit leur savoir gré de n'avoir ralenti leur zèle ni par le défaut de moyens qui a trop souvent arriéré leurs faibles traitemens, ni par la fausse idée et l'injuste prévention qui calomniait leurs travaux avant même leur résultat. Ce n'est que sur ce résultat qu'on pourra les apprécier ; c'est à l'expérience qu'il faut toujours en appeler ; celle de la première année, faite au travers de tant d'entraves, serait une puissante et victorieuse réponse aux déclamations et aux attaques indiscrètes de ceux qui n'ont tant affecté de regretter et de vanter leurs ci-devant colléges que parce que c'étaient des établissemens de l'ancien régime, et qui n'ont rabaissé les écoles centrales que pour en empêcher ou retarder le succès... »

Le Ministre de l'Intérieur.
François (de Neufchateau).

Considérant que si les vertus guerrières de nos armées victorieuses ont pu fonder la République, c'est au triomphe des mœurs à en perpétuer la durée ;

Considérant que l'instruction publique répand les lumières sur toutes les classes des citoyens et les prépare à l'exercice des différentes fonctions tant civiles que militaires auxquelles ils peuvent tous être indistinctement appelés.

Considérant enfin que la prompte organisation des écoles centrales tend au perfectionnement des sciences et des arts, du commerce et de l'agriculture ;

Ouï le Commissaire du Directoire exécutif,

ARRÊTE :

ART. PREMIER. — L'école Centrale du département du Var, fixée à Toulon, sera en pleine activité le premier germinal prochain.

II. — Le jury d'instruction pour l'école Centrale s'assemblera à Toulon le premier ventôse. Il sera composé des citoyens:

GIRAUDY, officier de santé à Grasse et bibliothécaire de l'école centrale du Département du Var,

SEGOND, de la Cadière,

THEVENARD, vice-amiral.

III. — Les citoyens qui aspirent aux places de professeurs seront examinés et élus par le jury central d'instruction.

IV. — Les membres du jury pourront élire quoi qu'absens ces hommes dont l'examen est tout fait, dont la conduite morale et républicaine est sans tache et qui ont acquis quelque célébrité par leurs talens, par des ouvrages connus ou par des succès marqués dans la carrière de l'enseignement.

V. — L'enseignement sera divisé en trois sections.

Il y aura dans la première section trois professeurs : dessein ; *histoire naturelle ; langues anciennes.*

Il y aura dans la deuxième section deux professeurs : *élémens de mathématiques ; physique et chimie expérimentale.*

Il y aura dans la troisième section quatre professeurs : *grammaire générale ; belles-lettres ; histoire; législation.*

VI. — On s'adressera au Corps législatif, par l'organe du Ministre de l'intérieur, pour obtenir l'autorisation de l'établissement d'un professeur de langues vivantes.

VII. — Les citoyens qui voudront concourir pour les places sont invités à présenter au jury, dans la première décade de ventôse, des programmes pour le mettre à même de fixer son choix avec impartialité.

VIII. — L'Administration invite le jury d'instruction à présenter ses vues sur les différentes dispositions réglementaires relatives ou régime des écoles Centrales.

IX. — Le citoyen Gérard, administrateur du département, se rendra à Toulon. Il se concertera avec les membres du jury d'instruction et de l'administration municipale, pour indiquer les lieux les plus propres à la tenue des classes des différentes sections, à l'emplacement de la bibliothèque publique, au dépôt des machines qui doivent servir aux démonstrations du professeur de chimie et de physique, et pour désigner parmi les jardins nationaux celui qui paraîtra le plus convenable aux leçons d'histoire naturelle.

X. — L'arrêté de l'Administration du département en date du 24 prairial an IV, sur l'organisation des écoles primaires, sera réimprimé et envoyé de nouveau aux administrations municipales de canton, pour être exécuté dans sa teneur.

XI. — Le présent arrêté sera imprimé, lu, affiché dans toutes les communes, envoyé aux départements circonvoisins, au Directoire exécutif, au Ministre de l'intérieur, ainsi qu'aux trois citoyens nommés pour former le jury d'instruction et aux administrations municipales de ce département.

Fait dans le lieu ordinaire des séances du département du Var, à Brignolles, le 2 pluviôse an VI de la République française une et indivisible.

Signés : P. GIRARD cadet, GÉRARD, ATTANOUX, RAYBAUD, administrateurs ; RICARD, Commissaire du Directoire exécutif; & FAUQUETTE, secrétaire en chef.

L'établissement fut définitivement ouvert avec solennité le 12 germinal an VI (2 avril 1798) dans une portion du local vacant de l'Evêché, et non, comme le prescrivait la loi de messidor an IV, dans celui du Collège des Oratoriens, qui avait été transformé en Caserne pour les troupes de passage pendant la guerre d'Italie :

CÉRÉMONIE D'INSTALLATION DE L'ÉCOLE CENTRALE
Séance du 12 germinal an VI

Cejourd'hui douze germinal an six de la République française, l'administration municipale du canton de Toulon s'est assemblée dans la maison commune à la manière accoutumée sous la présidence du citoyen Crassous, en remplacement provisoire, et ont été présens les citoyens : Crassous, président provisoire ; Baraton, Aurel, Simond fils, J. Terrin, Louis Guiol, administrateurs ; Marguery, commissaire du directoire exécutif.

La séance ouverte à dix heures du matin, heure indiquée par le citoyen Gérard, administrateur délégué par l'administration centrale du département du Var, à l'effet de procéder à l'inauguration de l'école Centrale du dit département, les chefs des corps et états majors, tant de Terre que de Mer, ceux du génie et de l'artillerie, les commissaires des Guerres, officiers de santé en chef des hôpitaux militaires et de marine, les autorités civiles et judiciaires, les juri (sic) d'instruction de l'arrondissement pour les écoles primaires, les professeurs et instituteurs des dites écoles, et plusieurs autres citoyens se sont rendus à la maison commune, d'après les invitations qui leur ont été faites par le dit citoyen Gérard, et en suite des publications qui ont été faites de la part de l'administration municipale, pour assister à l'installation de laditte école centrale.

Le cortège s'est mis en marche : la municipalité ayant en tête le citoyen Gérard, commissaire délégué, précédé des trompettes et des sergents de la commune portant le drapeau tricolor (sic).

On s'est rendu dans le local des ci-devant Recolèts, place Jean (sic) où s'assemble ordinairement le cercle constitutionnel, lieu désigné et annoncé pour l'inauguration, attendu que le local pour l'école centrale n'était pas préparé.

Là le citoyen Gérard, administrateur député, a fait lire par le citoyen Charles, secrétaire général de la commune, la loi du 3 brumaire an IV sur l'organisation de l'école centrale. Il a pareillement fait lire l'arrêté du département du Var du 2 pluviôse dernier relatif à la ditte organisation, et celui du 2 germinal courant mois qui approuve et confirme les nominations faites par les citoyens Giraudy, Mouriès et vice-amiral Thevenard, formant le jury d'instruction publique, dans leur procès-verbal des 12 ventôse et jours suivants, des citoyens :

Joseph Décugis, professeur d'histoire ;
Jean-Baptiste Martelot, professeur de belles-lettres.

Jean-Baptiste Pierre Sénès, homme de loi, professeur de législation ;

Jacques André, professeur de langues anciennes ;

Louis Elzéar Oriolan, professeur de grammaire générale ;

Laurent Julien, élève de l'école de Paris et de Rome, professeur de dessin.

En suite de cette lecture, le citoyen Gérard, administrateur délégué, a prononcé un discours après lequel il a proclamé les citoyens professeurs ci-dessus nommés, en suivant l'ordre des sections.

Cette proclamation faite, les dits citoyens professeurs ont prêté le serment par devant l'administration municipale, par lequel ils ont individuellement juré : « Haine à la Royauté et à l'Anarchie, attachement et fidélité à la République et à la Constitution de l'An III. »

Après quoi les citoyens Senès, Martelot et Ortolan ont successivement prononcé un discours en réponse à celui du citoyen Gérard, administrateur, et relatif au sujet de leur installation.

Ensuite le cortège a repris sa marche dans le même ordre et s'est rendu à la maison commune. »

Signés : Gérard, Giraudy, Crassous, Auguste Aurel, Terrin, Guiol, Simond. (1)

Au moment où l'école centrale ouvrit ses portes, les vacances ordinaires n'étaient pas éloignées. Il n'y eut donc en quelque sorte qu'un essai d'organisation, puisque

---

(1) Reg. D. 14 f° 112. — Arch. commun. de Toulon.

le procès-verbal d'installation mentionne seulement six professeurs au lieu de dix.

Toutes les matières du programme n'étaient donc pas enseignées, et dans la distribution des prix qui eut lieu le 30 fructidor an VI, des récompenses furent décernées pour quatre facultés seulement, ainsi que l'établit le compte-rendu suivant de cette cérémonie scolaire :

VERBAL DE LA DISTRIBUTION DES PRIX

« Cejourd'hui 30 fructidor an VI de la République Française une et indivisible, à dix heures du matin, l'administration municipale de Toulon, déléguée par l'administration centrale du département du Var, par arrêté du 27 courant, pour faire la distribution des prix aux élèves de l'école centrale qui se sont distingués par leur application, leur succès et leur bonne conduite, en présence du jury d'instruction et des professeurs de l'école centrale, s'est rendue dans le local où se tient la ditte école, précédée des sergents et trompettes de la commune, de la musique militaire et accompagnée du général Saint-Hylaire, commandant le premier arrondissement du Var, du commandant de la place, du commandant des armes et de l'ordonnateur de la Marine, où elle a trouvé les membres du jury d'instruction et les professeurs.

« Le citoyen Bertin, secrétaire en chef de la commune, a fait lecture de l'arrêté de l'administration centrale du département ci-dessus mentionné.

« Le Président a prononcé un discours analogue au sujet, et le citoyen Ortolan, professeur de grammaire générale, au nom de ses collègues, en a prononcé un autre.

Ensuite l'administration municipale a procédé à la distribution des prix dans l'ordre suivant :

HISTOIRE

1er Prix : Claude Venissac ;
2e Prix : Joseph Guichard.

LANGUES ANCIENNES

1er Prix : Claude Venissac ;
2e Prix : Louis Laurens ;
3e Prix : Pierre Négrin ;
4e Prix : Charles Martin.

DESSIN

1er Prix : Auguste Aubin ;
2e Prix : César Bouisson
3e Prix : André Borme.

MATHÉMATIQUES

1er Prix : Pierre Négrin ;
2e Prix : Charles Martin.

Des airs civiques et des applaudissemens répettés ont terminé cette édifiante cérémonie, et l'administration municipale de retour à la maison commune a délibéré qu'il sera incessamment délivré un certificat de récompense nationale à chacun des élèves ci-dessus nommés ; qu'ils seront couronnés à la fête du premier vendémiaire prochain, que le discours du citoyen Ortolan sera imprimé et que des exemplaires en seront envoyés à l'administration centrale avec un extrait du présent, (1)»

Après les vacances, c'est-à-dire à la rentrée des classes de l'an VII, les professeurs pétitionnèrent dans le but d'avoir à leur disposition un jardin d'application, et le Conseil municipal leur donna satisfaction. (2)

D'ailleurs, le moment était venu de procéder à une organisation complète qu'on n'avait pu faire dans les quelques mois qui suivirent l'installation.

Un arrêté de l'administration centrale du département du Var, du 16 brumaire an VII, traça d'une manière précise et complète le plan d'enseignement et la méthode à suivre pour chacune des matières du programme. Nous reproduisons en entier cet important document :

COURS D'ENSEIGNEMENT
DE L'ÉCOLE CENTRALE
du département du Var

PREMIÈRE SECTION
PREMIER COURS

Dessein
Professeur, le citoyen JULIEN

Le professeur de Dessein exercera ses élèves à la figure, après leur en avoir fait connaître en détail toutes les parties dans leurs différentes attitudes, et suivant les

---

(1) Reg. D 14 f° 208. — Arch. comm. de Toulon.

(2) *Avis en faveur des professeurs de l'école centrale, du 14 vendémiaire an VII*

« Vu la pétition présentée par les professeurs de l'école centrale du département du Var, tendante à obtenir un local assez

modifications qu'elles éprouvent par suite des mouvements de l'âme dans les diverses passions.

Ce ne sera que lorsqu'ils auront bien développé chaque partie de la tête et du corps, qu'ils apprendront à en former l'ensemble, soit d'après la nature, soit d'après les meilleurs modèles dans l'art de manier le crayon.

Le professeur passera ensuite au dessin, d'après la *bosse*, manière intermédiaire qui conduit du dessein à surface plâte, au dessein en relief. Il ne fera cependant de ce genre qu'un usage modéré, de peur d'y puiser un goût froid qui pourrait nuire à des succès plus brillans.

De la figure humaine, les élèves passeront à celle des animaux.

Enfin, ils s'exerceront aux fleurs, à l'ornement, aux paysages et aux plans.

Toujours la belle nature s'offrira sous leurs yeux. C'est elle seule qu'ils auront à imiter.

SECOND COURS
Histoire Naturelle
Professeur, le citoyen Béraud

Le professeur d'histoire naturelle, après avoir rangé tous les objets qui composent le domaine de la nature, en

---

spacieux pour former un jardin botanique propre à agrandir les moyens d'enseignement en faveur de leurs élèves, attendu qu'ils n'ont à disposer que d'une partie de terrain court et très limité.

« L'administration municipale, ouï le Commissaire du Directoire exécutif, estime qu'il y a lieu de faire droit à la demande des pétitionnaires pour un local quelconque propre à faire un jardin botanique. »

Reg. D 14 f° 217. — Arch. comm. de Toulon.

trois classes principales, connues sous le nom de *règne animal*, de *règne végétal*, et de *règne minéral*, ou sous celui de *zoologie*, de *botanique* et de *minéralogie*, et avoir assigné les caractères qui conviennent à chacune de ces trois grandes divisions, les traitera séparément ainsi qu'il suit :

Le *règne animal* sera divisé en huit classes, suivant le tableau méthodique du citoyen Daubenton, savoir : les quadrupèdes, les cetacées, les oiseaux, les quadrupèdes ovipares, les serpents, les poissons, les insectes et les vers. Le même auteur sera suivi pour les divisions et subdivisions de la classe des quadrupèdes et de celle des poissons. Pour les cetacées, le professeur suivra la méthode du cit. Bonnaterre ; pour les oiseaux, celle de Brisson ; pour les quadrupèdes ovipares et les serpents, celle qu'a suivie le cit. Lacépède ; pour les insectes, celle du cit. Olivier, qui est une combinaison de celles de Geoffroy, de Linné, de Degeer et de Frabricius ; et pour les vers, celle du cit. Bruguière, qui est celle de Linné perfectionnée. Il commencera chaque classe par l'exposition des principaux faits historiques : il fera connaître ensuite l'organisation et la structure générale des objets qui y seront compris ; dénommera techniquement en latin et en français, toutes les parties de l'animal, et donnera la définition de ces dénominations. De là, il passera à l'exposition des principaux systèmes ou méthodes relatives à la classe dont il traitera, en fera connaître les avantages et les imperfections, et développera les raisons de préférence de la méthode qu'il aura adoptée. Après avoir divisé chaque classe en ordres, genres et espèces, il désignera celles-ci par leur nom méthodique et leur nom vulgaire qu'il fera suivre de la description de l'animal et de l'énoncé des faits les plus intéressans que présente son histoire en particulier.

Pour le *règne végétal*, le professeur suivra à-peu-près le même plan que pour le règne animal. Le système de botanique de Linné étant le plus sûr, le plus facile pour parvenir à la connaissance des espèces et le plus généralement adopté, il lui donnera la préférence. Il examinera d'abord la nature des végétaux en général, leur germination, leur organisation, leurs développements ; en un mot, les principaux faits de l'économie végétale. A cet examen, il fera succéder celui de toutes les parties du végétal dans le plus grand détail ; il définira la dénomination technique que reçoit, en français et en latin, chacune de ses parties, sous chacun de ses aspects, ensuite comme dans le règne animal.

Le *règne minéral* sera divisé en quatre classes, savoir : les pierres et terres, les sels, les bitumes ou substances inflammables et les métaux. La première classe contiendra autant de genres qu'il y a de terres élémentaires. Le professeur admettra autant d'espèces simples dans cette même classe qu'il y a de combinaisons d'une terre simple avec un acide et autant d'espèces composées qu'il y a de combinaisons ou de mélanges d'espèces simples. Il distinguera les sels en sels acides, sels alkalis et sels neutres. Il fera remarquer que ceux-ci ne diffèrent de la plupart des pierres que par leur plus grande facilité à se dissoudre. Il divisera la troisième classe en bitumes durs, bitumes mous et bitumes liquides. Toute substance métallique étant métal proprement dit, ou demi-métal, la dernière classe ne comprendra que deux genres.

Pour chaque espèce d'animal, de végétal et de minéral dont parlera le professeur, il ne manquera pas de dire si elle est indigène ou exotique au Département, et dans quel endroit on la trouve, si elle est dans le premier cas. Le professeur mesurera la durée de chaque partie de son cours annuel sur l'importance et l'étendue de son objet. Il ira donner ses leçons dans la campagne et faire des courses avec ses élèves toutes les fois qu'il le jugera convenable.

TROISIÈME COURS
Langues Anciennes
Professeur, le Citoyen ANDRÉ

Les langues aujourd'hui si multipliées en Europe ayant une origine commune, il est de la plus grande utilité de remonter à la source d'où elles découlent. Il n'est aucun homme tant soit-il peu instruit qui ne sache que toutes nos langues modernes dérivent en grande partie du latin et que toutes les sciences empruntent du grec leurs termes techniques.

Lorsque l'immense étendue de l'empire romain, et surtout la corruption générale des mœurs eurent affaibli sa constitution, et que des chefs ambitieux commencèrent à s'en disputer les lambeaux, les barbares du Nord, revenus de l'effroi que leur avait inspiré ce grand colosse, se répandirent comme un torrent dans l'Italie et dans les Gaules et y fondèrent les divers royaumes connus sous les noms de Francs, de Lombards, de Visigots et d'Ostrogots. A cette époque, dans tous les pays qui étaient de la domination romaine, la langue latine était d'un usage général, même parmi le peuple ; soit que Rome distribuant les emplois, il fût nécessaire de savoir parler cette langue pour les solliciter et les remplir ; soit parce que toutes les lois, tous les jugements, tous les actes publics et privés étaient rédigés en cette langue. Mais, depuis l'irruption des barbares, il commença à se former un mélange de la langue de ces peuples avec la langue latine qui était généralement usitée. Et de là naquirent tout autant d'idiomes particuliers qui dans les siècles suivans formèrent toutes les langues modernes ; le latin, cessant alors d'être usité parmi le peuple, fut relégué dans quelques établissements particuliers connus sous le nom d'Universités ou de Collèges où allèrent se former les hommes qui voulurent tenir un rang distingué, soit dans la société, soit dans la république des lettres.

Dans ces établissements, on cultiva avec un soin égal l'étude de la langue grecque, parce que les Grecs étant comme les pères des sciences et des lettres en Europe, les termes techniques étaient tous empruntés de cette langue admirable, et que d'ailleurs on ne pouvait toucher à cette nomenclature sans opérer un bouleversement général dans les connaissances humaines, en ôtant aux savants le seul moyen qui leur restait pour s'entendre et se communiquer réciproquement leurs idées et leurs découvertes. Ce moyen de communication existe encore aujourd'hui, et il ne pourra jamais être aboli quoiqu'en dise le préjugé, sans qu'on lui en substitue un autre d'une universalité aussi générale et qui à coup sûr aurait tous les mêmes inconvénients sans avoir les mêmes avantages.

L'utilité de l'étude des langues anciennes ne pouvant être révoquée en doute que par des gens prévenus ou de mauvaise foi, il ne reste donc qu'à voir quelle méthode on doit adopter de préférence pour faire dans cette étude des progrès rapides.

Quant à moi renonçant à la méthode routinière qui fait marcher un élève à tâtons, par laquelle on ne voit et on ne pense que d'après les autres, il m'a semblé plus à propos de faire reposer cette étude sur des bases plus solides, je veux dire sur l'analyse et la logique, bien persuadé que le jugement est la faculté de l'esprit qu'il faut cultiver avant toutes les autres.

En effet, ceux-là sont dans une erreur bien grossière qui regardent les enfants comme de simples machines, comme des êtres incapables de lier des idées et de les combiner entr'elles. Ils concevraient d'eux une opinion bien différente et plus vraie, si observateurs judicieux, ils les suivaient dans leurs jeux, leurs amusements et dans tout ce qui peut leur plaire. Car l'enfant, ainsi que l'homme fait, n'aime pas à prendre une peine inutile ; il faut que le plaisir ou l'intérêt soient ses mobiles. Il veut avoir un but dans ce qu'il fait, et le grand art de l'instituteur est de le lui montrer. Autrement tout ce qu'on lui prescrit, tout ce qu'on lui ordonne n'est qu'un supplice pour lui. Si au contraire il se porte de lui-même vers un objet, on verra comme il le considère dans tous les sens et sous tous les rapports, comme il en juge sainement et avec intelligence. Sa raison que nos institutions sociales et nos préjugés n'ont pas encore corrompue et dénaturée est aussi droite et aussi saine, son goût aussi sûr que son cœur est naïf, simple et bon. Ne faisons donc pas à la jeunesse l'outrage de la croire incapable de raisonner lorsque l'expérience nous prouve tous les jours le contraire.

Conformément à ces principes, voici les bases principales sur lesquelles le professeur de langues anciennes croit devoir établir son plan d'enseignement:

Après avoir donné à ses élèves un précis d'idéologie et de principes généraux de grammaire, le professeur fera connaître les lettres ou caractères particuliers à la langue grecque, leur valeur, leur prononciation et leur formation.

Il s'attachera ensuite à donner sur les langues grecque et latine la notion exacte des premiers principes grammaticaux, savoir : la distinction des genres, des nombres, des cas et des classifications ou déclinaisons diverses pour les noms, les pronoms, et les adjectifs, ainsi que la conjugaison des verbes.

Il fera connaître les différentes parties du discours et de la proposition, les métaplasmes, les tropes, les figures de construction et les règles générales et particulières de la syntaxe.

Il s'appliquera surtout à réduire les élémens aux notions les plus générales, pour éviter l'embarras des exceptions et l'ennui de mille préceptes inutiles.

Il ramènera sans cesse la phrase latine ou grecque, presque toujours transpositive et elliptique, à l'ordre et à la plénitude de la construction analytique afin d'habituer ses élèves à analyser seuls et par eux-mêmes.

Il leur fera décomposer les mots, pour remonter à leurs racines et appercevoir leur étymologie.

Il leur fera rechercher scrupuleusement les mots sous

entendus dans une phrase et qui en sont le complément, en leur fesant sentir la nécessité de placer toujours ce complément le plus près du mot qu'il complette.

Il leur fera observer enfin dans l'expression et la traduction des auteurs de ne faire entrer dans la construction de la phrase latine aucun tour, ni aucun terme qui soient contraires au génie de la langue.

Liste des Livres qui seront mis entre les mains des Elèves

Pour la langue latine :	*Pour la langue grecque* :
La nouvelle méthode de Port-Royal.	La nouvelle méthode de Port-Royal.
Lhomond, *de viris illustribus*.	Les fables d'Esope.
Cornelius Nepos.	Les dialogues de Lucien.
Les fables de Phèdre.	Isocrate.
Les commentaires de César.	Hérodote.
Cicéron.	Démosthène.
Virgile.	Homère.
Tacite.	

SECONDE SECTION
PREMIER COURS
Mathématiques
Professeur, le citoyen Suzanne

Les leçons de mathématiques qui seront données à l'Ecole Centrale durant le cours de l'an VII, auront pour objet : l'arithmétique, la géométrie et l'algèbre.

Après avoir exposé les principes de la numération ordinaire, le professeur expliquera ceux de la numération des décimes et fera connaître le nouveau système monétaire, ainsi que celui des poids et mesures.

Ensuite il parlera des principales opérations de l'arithmétique, tant sur les nombres entiers que sur les nombres fractionnaires et complexes. De là, il passera à la formation des puissances et à l'extraction des racines quarrées et cubiques, et il terminera par les proportions, les progressions et les logarithmes.

Il fera en même temps l'application de tout ce principe aux règles connues sous le nom de *société*, *d'intérêt* ou *d'escompte*, *d'alliage* et de *fausse position*.

Dans la géométrie, il traitera d'abord des propriétés des lignes droites et circulaires, ainsi que des rapports qui peuvent exister entr'elles. La mesure des surfaces et leur comparaison sera le sujet de la seconde partie de la géométrie. Dans la troisième, il sera question des solides terminés par des surfaces planes ou circulaires que l'on apprendra à mesurer et à comparer entr'eux. C'est ici surtout que l'on s'appliquera à bien faire connaître les principes du nouveau système des mesures.

La trigonométrie rectiligne et sphérique sera l'objet de la quatrième partie. Après avoir exposé les principes d'après lesquels on a pu construire les tables trigonométriques, le professeur démontrera les analogies desquelles dépend la résolution des triangles, et il en fera de fréquentes applications à la levée des plans, à l'astronomie, à la navigation et à la gnomonique.

Avant de commencer l'algèbre, le professeur fera connaître les principes de la géométrie descriptive dont l'application peut devenir très utile aux progrès des arts.

Ensuite il passera à l'algèbre dont il expliquera d'abord les règles fondamentales. La résolution des équations de tous les degrés, la théorie des séries, celle des quantités exponentielles et logarithmiques seront des sujets qu'il traitera avec toute l'étendue que les circonstances ou les connaissances de ses élèves lui permettront d'y donner.

Le cours de mathématiques à l'usage de la marine par Bezout servira de texte à ses leçons. Cependant il s'en écartera quelquefois pour donner à ses élèves une idée des nouvelles découvertes de Lagrange, de Laplace, de Legendre et autres auteurs célèbres.

Néanmoins le professeur prévient ses concitoyens qu'il ne pourra donner à ses leçons l'étendue et l'intérêt don elles sont susceptibles, qu'autant que les jeunes gens qui suivront son cours réuniront à l'âge prescrit par la loi un esprit cultivé et des connaissances préliminaires. Sans cette dernière condition, on s'exposerait à retirer bien peu de fruit de ses leçons.

SECOND COURS
Physique et Chimie expérimentales
Professeur, le citoyen André Laugier

Le professeur est nommé depuis peu de jours, et il n'a point encore fourni de programmes.

TROISIÈME COURS
Grammaire générale
Professeur, le citoyen Ortolan

Après avoir donné des notions préliminaires sur la science grammaticale, montré la différence qui existe entr'elle et l'art grammatical, le professeur de grammaire générale passera à l'histoire de la parole prononcée et écrite. Là ses élèves verront quelle est la formation méchanique des dons de la voix, comment le langage d'action né des sensations a donné naissance au langage articulé, quelles sont les causes de la variété des langues. Comment le génie des grands hommes influe sur elles et le génie de celles-ci sur le génie des grands hommes, quelle est l'origine de l'écriture symbolique ; comment elle a conduit les hommes à la découverte de l'écriture alphabétique et de l'imprimerie ; combien ces deux découvertes réunies ont étendu la sphère de nos connaissances et reculé les bornes de l'esprit humain.

Au système renversé des idées innées, un précis d'idéologie substituant celui des idées acquises leur prouvera que c'est de la faculté de sentir que proviennent toutes les opérations de l'Entendement.

L'analyse, en les conduisant du simple au composé, du connu à l'inconnu, des idées sensibles aux idées intellectuelles, leur donnera cette rectitude, cette justesse d'esprit si nécessaire pour atteindre à la vérité, acquérir des connaissances et parcourir avec succès la carrière des sciences et des arts.

La considération de la réunion de l'âme et du corps leur fera connaître les facultés de ces deux substances et l'influence qu'elles exercent réciproquement l'une sur l'autre. Cette connaissance les élèvera à celle de la divinité et de ses divers attributs.

Dans l'exposition du discours envisagé grammaticalement, ils découvriront les élémens qui le composent et la nature de chaque élément. La syntaxe leur apprendra à unir les mots et à les accorder ; la construction, à remarquer les divers cas où la délicatesse de l'oreille sacrifie l'ordre naturel du langage à l'ordre d'harmonie, les divers cas où la force des sentimens et la véhémence des passions sacrifient l'un et l'autre à l'ordre d'intérêt. Un traité sur les tropes leur apprendra à distinguer dans les mots le sens figuré du sens littéral et à remonter à leur signification primitive ; la synonimie, à saisir le caractère propre des mots qui ressemblans par une idée commune diffèrent les uns des autres par quelque idée accessoire et particulière ; l'orthographe, à se servir dans l'écriture alphabétique de toutes les lettres exigées soit par l'Etymologie soit par la Dérivation soit par l'usage reçu ; la ponctuation, à y distinguer, à l'aide de certaines figures de convention, les parties du discours et à en marquer les repos ; la prosodie, à mesurer toutes les syllabes avec justesse mais sans contrainte et sans affectation ; la prononciation, à les articuler de vive voix et d'une manière distincte conformément aux règles usuelles ; la lecture, à être corrects dans l'émission vocale des mots et des phrases ; la déclamation enfin, à nuancer le ton, les accents de la voix, les mouvemens des mains, de la tête, la vivacité des yeux sur le degré et les nuances des passions.

Les ouvrages métaphysiques de Lancelot, de Lami, de Duclos, de Court, de Gobelin, de Beauzée, de Dumarsais, de Locke, de Condillac, de Cabanis, de Picard, de Gérando, l'Encyclopédie, ce sont les sources fécondes où le professeur de grammaire générale puisera ses leçons. Mais combien peu elles seraient profitables aux élèves, si elles n'étaient accompagnées de l'exercice de la composition et de l'application de l'art de raisonner à l'art de parler! Aussi seront-ils exercés à la composition du récit du genre Epistolaire et surtout à l'application des principes métaphysiques de la construction grammaticale sur différens morceaux extraits des Ecrivains célèbres qui ont le plus contribué à enrichir notre littérature et à jetter les fondemens de la République.

Il sera mis entre leurs mains la logique de Condillac, la grammaire générale du même auteur, la grammaire simplifiée de Domergue, les synonimes de Girard.

Tel est le plan qu'a cru devoir adopter le professeur de grammaire générale. Il aura soin de l'étendre ou de le resserrer suivant la capacité des élèves.

Ce n'est point par de longs discours oraux où l'érudition souvent pédantesque du Maître brille aux dépens des progrès des disciples qu'il cherchera à développer et à former l'esprit des siens. Une expérience de dix huit ans dans l'Enseignement l'a convaincu que c'est en raisonnant beaucoup avec eux, en les aidant à raisonner eux-mêmes, en mesurant l'étendue des leçons à celle de leur intelligence, en leur répétant souvent les mêmes choses, toujours d'une manière claire, simple, précise, qu'il parviendra à leur donner une instruction solide.

TROISIÈME SECTION
PREMIER COURS

Belles-Lettres
Professeur, le citoyen MARTELOT

Le professeur de belles-lettres ouvrira son cours par l'exposition des principes généraux sur la composition.

Ces principes présentés avec précision et dépouillés de tout appareil pédantesque, seront accompagnés de lectures choisies, de compositions fréquentes.

Cette marche, qui sans doute est la plus simple et la plus naturelle, réunira le double avantage de graver plus fortement les principes dans la mémoire et d'accoutumer de bonne heure les jeunes gens à classer leurs idées, à les subordonner les unes aux autres, à les présenter sous le point de vue le plus intéressant.

Ce premier pas franchi, le professeur embrassera successivement les divers genres de littérature.

Il traitera d'abord du genre épistolaire, parce qu'il est d'un usage plus habituel. Il exposera quel est le ton qui lui convient aux différentes espèces de lettres. Sous les yeux des élèves, seront mis les ouvrages des auteurs qui se sont distingués dans ce genre.

Les principes sur la formation d'une pétition, d'un mémoire, d'un plaidoyer, sur le plan, sur la marche d'un discours régulier, viendront ensuite.

Afin de prémunir ses élèves contre la contagion du mauvais goût, le professeur s'appliquera à faire sentir, par la lecture des orateurs les plus célèbres, quelle distance prodigieuse se trouve entre les productions immortelles des Démosthène, des Ciceron, des Cochin, des Daguesseau, et ces ouvrages ridicules où l'on prétend suppléer au génie par le monstrueux, où l'enflure tient lieu du sublime, où la nature est remplacée par le gigantesque, le moëlleux par la dureté, le sentiment par les grimaces. Il leur fera encore connaître combien la forme d'un gouvernement influe sur les productions du génie, quelle différence se trouve entre le langage des peuples esclaves et le langage des peuples libres. Il ne cessera enfin de leur répéter que destinés à soutenir un jour les intérêts d'une grande nation, c'est dans les restes précieux échappés aux ruines de Rome et d'Athènes qu'ils doivent principalement choisir leurs modèles.

Le tableau des progrès successifs de la littérature, l'histoire des hommes qui l'ont illustrée, fourniront une source féconde de délassement et d'instruction.

Enfin, le professeur terminera son cours par des notions succinctes sur les divers genres de poësie. Il parlera sur-tout et préférablement du *genre pastoral*, de *l'apologie*, du *genre lyrique*, du *genre dramatique* et de *l'épopée*.

SECOND COURS
HISTOIRE
Professeur, le citoyen DECUGIS

L'histoire, si on la considère dans ses rapports avec la Politique et la Morale, doit tenir un des premiers rangs parmi les études qui intéressent le plus l'humanité. C'est parce qu'on ne connaît point le but où elle tend, qu'on jette encore aujourd'hui des doutes sur son utilité.

L'emploi de l'histoire, a dit Cicéron, est de montrer le flambeau de la vérité, et d'enseigner aux Peuples et aux individus l'art de bien vivre. C'est donc notre félicité propre, c'est celle du genre humain qu'elle se propose : et quel objet plus digne de nos recherches que celui-là !

D'après ce court exposé, le professeur d'histoire, en présentant à ses élèves le tableau des siècles passés, aura soin de soustraire à leurs regards tout ce qui ne serviroit qu'à satisfaire une vaine curiosité, ou à surcharger inutilement la mémoire. En leur montrant successivement, et selon l'ordre des tems, tous les peuples anciens et modernes qui ont paru avec le plus d'éclat sur la scène du monde, il racontera d'abord avec le plus de précision possible les principaux faits, et les événements les plus importants qu'offrira l'histoire de ces nations ; il s'appliquera ensuite à développer les causes de ces mêmes faits et événements, afin d'établir sur elles les principes de politique et de morale qui doivent être la règle de la conduite des Magistrats et des Citoyens.

On fera connoître le Gouvernement, les lois, les mœurs, et les opinions religieuses de chaque peuple. Tous ces objets demandent la plus sérieuse attention, parce qu'ils ont une influence nécessaire sur le sort des Etats et des particuliers. C'est par eux que nous découvrons ordinairement les premières causes de la grandeur et de la décadence des Empires.

Quant à ces personnages célèbres dont les noms semblent ne devoir jamais mourir, parce qu'ils se trouvent liés aux principaux événements de cet univers, on dira seulement ce qu'ils ont fait, et autant qu'il sera possible les motifs de leurs actions. C'est, ce semble, le moyen le plus sûr de bien juger de leurs talents et de leurs vertus, ou de leurs vices. Combien d'hommes à qui les historiens ont prodigué les éloges les plus pompeux, qui pourtant, par les excès où les ont précipités leur orgueil et leur ambition, ne se sont rendus dignes pendant leur vie que de la haine et de l'exécration de leurs semblables ! Combien d'autres au contraire sur lesquels ils se sont plu à répandre leur fiel et leur amertume, qui, vus d'un œil plus éclairé ou plus impartial, leur auraient paru avoir acquis des droits à l'estime publique ! C'est donc dans la balance de la raison et de l'équité, et non dans celle des préjugés et de la passion, que doivent être pesés tous ces êtres fameux C'est alors qu'on pourra assigner à chacun d'eux sa véritable place parmi les bienfaiteurs, ou parmi les ennemis du genre humain.

Indépendamment de la politique et de la morale, l'histoire présente encore plusieurs autres points de vue, sous lesquels elle peut être considérée avec beaucoup d'utilité : l'invention des arts, les progrès et les égarements de l'esprit humain, les découvertes intéressantes, etc. Ces divers objets obtiendront aussi la part d'attention qu'ils méritent. On tachera de déterminer jusqu'à quel point ils ont pu influer sur les révolutions qui ont changé tant de fois la face des Empires.

Le Professeur indiquera de plus à ses élèves les sources où ils pourront puiser eux-mêmes les autres connaissances historiques que son plan lui fera un devoir de supprimer, ou de n'effleurer que légèrement. En faisant connoître les Ecrivains les plus renommés qui ont écrit l'histoire des Peuples, il fera en sorte de fixer le degré de confiance qu'on peut donner à chacun d'eux, en expliquant les raisons qui ont pu les rendre plus ou moins susceptibles d'impartialité, de mensonge, ou d'erreur.

Pour soulager la mémoire, et pour éviter toute confusion, on divisera l'histoire en plusieurs tableaux ou époques dont chacune sera divisée à son tour en cinq parties. La 1re contiendra la simple exposition des faits, avec les circonstances les plus propres à les caractériser ; la 2e parlera des hommes illustres ; la 3é renfermera tout ce qui a rapport au Gouvernement, aux lois, aux mœurs et à la Religion ; la 4e sera consacrée aux arts, aux sciences et à la littérature ; la 5e enfin sera réservée pour les réflexions.

Comme l'on aura eu soin, à chaque Epoque, d'indiquer les changements opérés dans le Gouvernement, ou dans les lois, de même que l'état où se trouvaient alors les arts et les sciences, on sera moins embarrassé de rendre raison des divers aspects sous lesquels s'est montré successivement le même Peuple, ou le monde entier.

il finira par exposer les causes qui ont amené l'heureuse Révolution à laquelle le peuple français doit le sage gouvernement sous lequel il vit.

(Pas de troisième Cours)

QUATRIÈME COURS
Législation
Professeur, le citoyen Sénès, fils

Le professeur de Législation divisera son cours en quatre parties.

§ 1. *Droit public*

Il fera connaître aux élèves les principes des divers gouvernements, et leur résultat pour le sort des peuples.

Il développera les principes et les avantages du gouvernement républicain, les vertus sociales qui le caractèrisent essentiellement.

§ 2. *Constitution de l'an III*

Il expliquera aux élèves la Constitution, de telle sorte qu'ils ne la connaissent pas seulement dans son ensemble, mais dans ses détails.

Il leur rendra facile, par des questions et des exemples, l'application de chaque article de ce pacte social.

§ 3. *Législation civile*

Il suivra dans cette partie l'ordre tracé par le projet du code civil, et celui de l'organisation judiciaire, en attendant que le Corps législatif les ait convertis en lois.

Il divisera cette partie par les divers traités sur les personnes, les biens, et les transactions entre particuliers.

§ 4. *Législation criminelle*

Il démontrera les vices de l'ancienne législation criminelle, l'arbitraire qui en résultait.

Il parlera de la manière de procéder, d'après les lois nouvelles; il dira ce que c'est que l'institution des jurés; combien cette institution doit rassurer l'innocence et l'humanité.

Il traitera des divers genres de délits et de la gradation des peines.

Vu les divers programmes des cours d'enseignement de l'Ecole centrale du Département du Var,

L'ADMINISTRATION CENTRALE DU DÉPARTEMENT DU VAR,

Ouï le Commissaire du Directoire exécutif,

ARRÊTE que ces programmes seront imprimés et adressés aux Administrations municipales de Cantons, pour y être distribués.

Fait dans le lieu ordinaire des séances de l'Administration centrale du département du Var.

A Brignoles, le 16 Brumaire
An VII Républicain.

Signés : MAUNIER, *président en remplacement ;* BARBARROUX fils et BARTHELEMI, *administrateurs ;* RICARD, *commissaire du Directoire exécutif ;* FAUQUETTE, *secrétaire en chef.*

On avait reconnu dès le début le défaut de la loi du 3 brumaire an IV (art. 7) qui ne comportait qu'une rétribution de 25 fr. par an, ce qui impliquait que les écoles centrales devaient être essentiellement des externats. C'est pourquoi le recrutement en était pénible et mal assuré. Aussi, se préoccupa-t-on dans le Var d'établir un pensionnat qui serait en quelque sorte une annexe de l'école. C'était un moyen de respecter la loi en la tournant ; et d'ailleurs le but était excellent puisqu'il devait permettre d'assurer le recrutement des élèves dans tout le département.

Le réglement du pensionnat est placé à la suite de l'arrêté précité du 16 brumaire et il fait partie intégrante avec lui. Il règle très minutieusement l'emploi du temps des élèves du lever au coucher, l'ordre du travail et des récréations, la police générale de l'établissement et le système de punition des élèves, formé sur la base d'un jury choisi entre eux :

RÈGLEMENT DU PENSIONNAT
Etabli près l'Ecole Centrale du Département du Var

Chapitre Premier
De la distribution du temps

Art. 1ᵉʳ. — Les élèves se lèveront à cinq heures et demies en été et à six en hiver ; ils s'habilleront au signal donné et en silence, et se rendront de même dans la salle du travail.

II. — A six heures ou à six heures et demies, l'étude jusques à sept heures et demies, pendant laquelle ils seront peignés à tour de rôle ; ensuite le déjeûner jusques à huit heures.

III. — A huit heures, les élèves de l'Ecole centrale se rendront à leurs cours respectifs de langues, de dessein, et les autres non élèves resteront dans l'étude jusques à dix heures et demies.

IV. — A dix heures et demies, leçons de musique, de dessein, d'écriture et de gymnastique, jusques à midi.

V. — A midi, le dîner, et après le dîner, la récréation jusques à une heure et demie, après laquelle, étude jusques à deux heures et demies.

VI. — A deux heures et demies, les élèves de l'école se rendront aux cours du soir, soit d'histoire naturelle ou de physique ou de tout autre de la section de leur âge, jusques à cinq heures.

VII. — A cinq heures, le goûter, la promenade ou récréation jusques à sept heures.

VIII. — A sept heures, le souper, après lequel conversation, jeux, amusemens, répétition de leçons, jusques au coucher, à neuf heures.

Chapitre Second
Etudes et ordre de travail des Elèves

Article Premier. — La lecture, l'écriture, le calcul, la grammaire, les belles-lettres et la répétition de tout ce qui fera la matière des cours à l'Ecole Centrale.

II. — Les beaux arts, la musique, la danse, l'escrime seront enseignés à ceux des élèves qui voudront les acquérir.

III. — L'étude de la morale publique, générale et particulière, et celle de la Constitution et des lois de la République.

IV. — Préparation aux exercices publics, soit de l'Ecole centrale, soit de celle attachée au pensionnat, dans lesquels les pensionnaires, élèves ou non élèves, seront obligés de répondre sur ce qu'on leur aura appris.

Chapitre Troisième
Police générale du Pensionnat

Article Premier. — Les pensionnaires se conformeront au règlement qui leur sera lu tous les primidi du mois, non par la crainte, mais par amour pour leurs devoirs.

II. — Ils parleront à leurs Instituteurs avec les égards qu'on doit à des maîtres chargés de la confiance publique et paternelle ; ils éviteront de perdre leur amitié et s'habitueront à les regarder comme leurs père et mère dont ils tiennent la place.

III. — Les élèves vivront ensemble comme des amis et des frères ; ils éviteront soigneusement les rixes, les contestations, les disputes, dont un jury nommé et établi par eux décidera ainsi qu'il sera dit ci-après.

IV. — Il est expressément recommandé aux élèves de se tenir propres, de ne point dégrader leurs vêtements, linges, livres, etc., généralement tout ce qui sera à leur usage.

V — Ils seront surtout attentifs à ne faire aucune dégradation dans la maison, de parler aux serviteurs avec politesse et bonté, et de demander avec confiance les choses dont ils pourront avoir besoin.

VI. — L'on ne permettra point soit pendant l'étude, soit pendant les récréations de s'éloigner de l'Instituteur en activité sans son agrément, et l'on n'ira jamais deux à la fois aux commodités ou ailleurs.

VII. — Le plus grand silence régnera pendant les heures d'étude, et l'on ne pourra parler sans avoir demandé la permission à l'Instituteur.

VIII. — Les jours de congé et de promenade, l'on ira toujours dans les rues en silence ; l'on marchera de deux en deux ou sur trois de front et l'on sera divisé par escouadres (sic) de dix, à la tête de laquelle sera un membre du jury ou officier de police de l'Ecole.

Chapitre Quatrième
Code policiaire de l'Ecole

Article Premier. — Lorsqu'un élève aura fait quelque faute, il sera traduit par un censeur devant l'instituteur qui convoquera le jury de police, lequel jugera le délit et appliquera la peine suivant le code policiaire établi pour l'école.

II. — Les articles de ce code sont réduits à trois principaux. Le premier sera relatif aux fautes qui auront rapport aux mœurs ; le second aux vices de l'esprit et du caractère ; le troisième à l'ordre social de la famille et à la violation du règlement.

III. — L'on punira les vices du cœur par la quarantaine de deux ou trois jours, pendant lesquels l'élève sera séquestré au coin d'une sale (sic) commune, sans qu'on puisse communiquer avec lui.

IV. — Les vices de l'esprit et du caractère seront punis par une censure publique, des réparations, des excuses, privations, etc.

V. — L'on punira les fautes contre l'ordre et la violation du règlement par une surcharge de travail, en payant de leurs pensions ce qu'ils auront dégradé, en faisant réparation publique du mauvais exemple.

VI. — Enfin, si c'est pour manquement de respect, paroles inciviles, tapages, insultes, on les punira par la censure publique, les excuses, les arrêts pendant la récréation ; les récidives encourront une peine plus forte.

Les punitions afflictives et l'exclusion du pensionnat seront réservés aux Instituteurs, qui ne prononceront sur cette dernière punition qu'après avoir épuisé tous les moyens de correction, d'accords avec les parens et dans le cas d'incorrigibilité (1).

Cependant l'école centrale restait dans le marasme, le pensionnat tardait à s'organiser. D'autre part, l'Etat s'était déchargé sur les départements du soin de faire face aux dépenses des écoles centrales par la loi du 11 frimaire an VII (1er décembre 1798).

Art. 13 :

« Les dépenses départementales sont celles :

..... 3° Des écoles centrales et des bibliothèques, muséums, cabinets de physique et d'histoire naturelle et jardins de botanique en dépendans.» (2)

Il semble que le personnel n'en fut pas plus régulièrement payé si l'on en juge par une dépêche ministérielle concernant une réclamation des professeurs. (3)

---

(1) A Brignolles, chez Guichard et Dufort, Imprimeurs du Département du Var, an VII.

(2) Série II, Bulletin des Lois 247. n° 2219.

(3) Paris le 25 thermidor an VII de la République Française une et indivisible.

Le gouvernement paraissait d'ailleurs d'un bel optimisme, et, dégagé des dépenses que nécessitaient les écoles centrales, il mettait les administrations départementales en demeure de créer les quelques établissements qui manquaient encore et de compléter le personnel de ceux qui étaient en plein fonctionnement.

Paris le 10 ventôse an VII de la République Française
une et indivisible

Le Ministre de l'Intérieur, aux administrateurs du du département d....

« Citoyens, plus le spectacle que présente la partie de l'instruction publique relative aux Ecoles Centrales est satisfaisant pour les amis des sciences et de la patrie, plus elle appelle votre attention et la mienne sur tout ce qui peut l'élever au degré de perfection dont elle est susceptible. Parmi les différentes mesures qu'exige cette prospérité si désirable, il en est qui ne peuvent être déterminées que par le Corps législatif ; de ce nombre

---

Le Ministre de l'Intérieur aux administrateurs du département du Var.

« Citoyens, je suis informé que les logemens destinés aux Professeurs de l'Ecole Centrale du département sont encore remplis de livres du Dépôt qu'il serait facile de transporter dans une autre partie des batimens de l'Ecole.

« Je vous engage à prendre en considération la réclamation des Professeurs qui se voyent privés de la jouissance de leurs droits *au moment où les retards qu'ils éprouvent dans le payement de leurs traitemens* leur rendent ce droit plus nécessaire. »

Le Ministre de l'Intérieur,
QUINETTE.

sont les additions à faire dans les divers cours qui peuvent exiger plus de développement qu'ils n'en ont eu jusqu'ici ; mais ce qu'il importe pour le moment, ce qui forme une de nos obligations respectives les plus essentielles, c'est que la loi du 3 brumaire an IV reçoive par-tout sa pleine et entière exécution dans tous les objets qu'elle embrasse.

« Les deux premiers sur lesquels repose le vaste ensemble de cette organisation, consistent : 1° en ce que les Ecoles Centrales soient organisées par-tout où la loi les a établies; 2° en ce qu'elles aient le nombre de professeurs qu'elle a déterminé.

« Je ne taxerai point d'insouciance les administrations qui n'ont point encore rempli le premier vœu de la loi ; j'aime à penser que des circonstances impérieuses ont jusqu'ici paralysé leur zèle ; le nombre, d'ailleurs, de ces administrations est si petit, que le vide qu'elles ont laissé semble, pour ainsi dire, disparaître au milieu des établissemens nombreux qui couvrent la surface de la République : mais je leur rappelle qu'il est temps de faire cesser une exception qui doit leur peser à elles-mêmes ; que ce qui a pu être regardé comme l'effet de quelques obstacles de localités, pourrait l'être comme celui d'une négligence inexcusable, et qu'elles doivent, autant au bien général qu'à l'intérêt particulier de leurs administrés, de se mettre en harmonie avec toutes les parties de la République.

« Le second objet n'est pas moins intéressant. Ce n'est point assez que chaque Ecole Centrale soit en activité, il faut qu'elle présente cette réunion si avantageuse de tous les cours institués par la loi ; il est du moins nécessaire que je sois instruit d'une manière sûre et positive des lacunes qui existent à cet égard dans l'enseignement, des motifs qui peuvent leur donner lieu ; que je puisse enfin me former à moi-même une idée juste et précise de l'état de chaque école en particulier et de toutes en général. J'applaudis au zèle et à l'exactitude qu'ont montrés à cet égard un grand nombre d'administrations. Mais, les tableaux épars, isolés qu'elles m'ont transmis ne sauraient présenter l'ensemble général que je dois avoir sous les yeux ; ce n'est que par une communication directe et spéciale qu'il est possible de l'obtenir.

« J'invite donc les administrations qui n'ont pas encore organisé leurs écoles centrales à me faire connaître les motifs qui les ont arrêtées jusqu'ici, et les mesures qu'elles se proposent de prendre le plus tôt possible pour arriver à ce résultat.

« J'invite toutes les autres à me transmettre le tableau nominatif : 1º des membres qui composent le jury d'instruction ; 2º des professeurs et des cours auxquels ils sont attachés ; 3º des places vacantes ; 4º enfin de l'exposé des motifs qui peuvent les avoir déterminées à laisser ces cours vacans, des moyens et des vues qu'elles ont pour les remplir.

« Salut et Fraternité. »

Le Ministre de l'Intérieur,
François (de Neufchateau).

Les documents font défaut pour savoir exactement quel était le degré de développement de l'Ecole Centrale du Var au cours de sa première année de fonctionnement normal, c'est-à-dire en l'an VII ; mais, on peut en juger, croyons-nous, par l'examen du palmarès de la distribution des prix qui eut lieu le 30 fructidor, pendant la cérémonie décadaire :

VERBAL DE LA FÊTE DÉCADAIRE

ET DE

LA DISTRIBUTION DES PRIX AUX ÉLÈVES DE L'ÉCOLE CENTRALE

« Cejourd'hui décadi trente thermidor an VII de la République,

...On a d'abord célébré la fête décadaire en conformité de la loi du 13 fructidor an VI. Il a été fait lecture des lois et actes de l'autorité publique adressés à l'administration municipale pendant la décade, et il a été donné connaissance aux citoyens des naissances, décès et divorces qui ont eu lieu pendant cette décade. Le président y a célébré cinq mariages. Cette cérémonie s'est terminée par des chants patriotiques et des acclamations répettées de « Vive la République. »

Ensuite le citoyen Décugis, professeur d'histoire, au nom de ses collègues, a prononcé un discours analogue au sujet.

Après l'Administration municipale, la Commission du Directoire exécutif près d'elle a procédé à la distribution des prix dans l'ordre suivant :

DESSIN
PREMIÈRE CLASSE

1er Prix : François Renaudin, de Rochefort ;
2e Prix : Joseph Ricaud, de Toulon ;
3e Prix : Antoine Borme ;
4e Prix : Alexandre Estelle cadet, de Toulon ;
5e Prix : Claude Martin, de Toulon ;
6e Prix : Alexandre Bouillon, de Lorgues.

DEUXIÈME CLASSE

1er Prix : Bernard Gastaud, de Toulon ;
2e Prix : André Ribergue, de Toulon.

TROISIÈME CLASSE

1er Prix : Estelle aîné, de Toulon ;
2e Prix : Guillaume Cazaux, de Toulon ;
3e Prix : Claude Venissat, de Toulon ;
4e Prix : Amand Bec, d'Entrecasteaux ;
5e Prix : Magloire Barthelemi, du Castellet ;
6e Prix : Victor Clavel, du Beausset.

HISTOIRE NATURELLE

1er Prix : Joseph Auguste Barthelemi, de Toulon ;
2e Prix : Jean Louis Laurent, de Toulon.

LANGUES ANCIENNES
PREMIÈRE DIVISION

1er Prix : Joseph Auguste Barthelemi ;
2e Prix : Antoine Turc, de Toulon.

DEUXIÈME DIVISION

1er Prix : Jean-Louis Laurent ;
2e Prix : Charles Sénès, de Toulon.

TROISIÈME DIVISION

1er Prix : Claude Venissat ;
2e Prix : Grégoire Gardane, de Toulon.

MATHÉMATIQUES

1er Prix : Estelle aîné ;
2e Prix : Pierre Négrin.

GRAMMAIRE GÉNÉRALE

Les élèves qui ont suivi le cours de grammaire générale étant tous officiers de santé de l'hôpital militaire d'instruction, et âgés de plus de vingt ans, ont renoncé aux prix auxquels ils avaient droit, en faveur des élèves des autres cours en activité. (1)... »

Comme on le voit, les prix sont fort inégalement répartis entre les cinq facultés, ce qui prouve que le nombre d'élèves était assez considérable dans certaines classes et insignifiant dans d'autres.

En outre, le reversement des prix de grammaire générale sur les autres cours tendrait à prouver que la largesse dans les récompenses pour certaines branches d'étude ne correspondait pas exactement à l'extension prise par l'école dans le courant de l'année.

---

(1) Reg. D 15 f° 72.— Arch, comm. de Toulon.

Il est probable qu'à ce moment-là, une consultation officielle des professeurs fut faite par l'autorité départementale afin que l'on recherchât les moyens de donner un peu de vigueur à l'établissement.

Nous croyons devoir publier deux mémoires intéressants, quoique contradictoires sur bien des points, qui furent élaborés, à la demande du préfet, par les citoyens Segondy, bibliothécaire, et Suzanne, professeur de mathématiques, et qui font connaître la situation exacte de l'école et les causes multiples de son médiocre développement :

Projet d'Amélioration en faveur de l'Ecole Centrale

« Pour tirer l'Ecole Centrale de l'état de faiblesse dans lequel elle languit depuis sa formation et lui donner l'accroissement dont elle est susceptible, il faudrait :

1° *La transférer à Draguignan.*

Toulon offre un point trop excentrique. Il existe d'ailleurs contre cette commune des préventions occasionnées par les divers orages révolutionnaires dont elle a été le théâtre, préventions si fortes que le laps du temps pourra seul les détruire. On y connait peu le prix des sciences. Dès l'âge de quatorze à quinze ans, époque de la vie où l'esprit est le plus capable de culture et même le plus avide de connaissances, les jeunes Toulonnais ou s'embarquent ou cherchent à se placer soit dans l'arsenal soit dans les bureaux de la Marine.

L'hôpital militaire d'instruction, l'école de Marine, d'Artillerie et l'Arsenal y fournissent des professeurs de chimie, d'histoire naturelle, de mathématiques, de dessin et de sculpture. La réunion de ces divers établissemens rend superflue à Toulon l'Ecole Centrale et contribue' même jusqu'à un certain point à en paralyser l'enseignement.

Joignez à ces considérations que les professeurs de l'école ont tous refusé de faire partie d'un phantome de société littéraire dont les membres meneurs, hommes intrigans, ne pouvant plus occuper des emplois par la voye des assemblées populaires, ont voulu, en la créant, se faire une planche après le naufrage pour parvenir à leur but.

Ajoutez encore que ces mêmes professeurs ont eu dans un tems à lutter contre l'administration municipale qui s'obstinant à ne voir dans l'Ecole Centrale qu'un établissement purement local a voulu s'arroger sur l'instruction publique des droits qui appartenaient exclusivement à l'administration départementale. D'autre part, le sous-préfet, un de leurs anciens collègues, vient d'ouvrir sa carrière administrative par un acte illégal en s'emparant pour ainsi dire de force de l'aile droite de l'Ecole pour y placer ses bureaux. Ces refus, ces luttes, ces actes arbitraires ne tournent ni au profit des élèves ni à celui des professeurs en privant ces derniers de la considération dont ils ont besoin d'être entourés pour exercer utilement leurs fonctions, dans un pays surtout où l'ignorance ne permet pas de distinguer le mérite personnel.

On peut donc comparer l'Ecole Centrale établie à Toulon à un arbre exotique qui transplanté sur un sol ingrat et sous un ciel étranger ne saurait jetter de profondes racines ni porter aucun fruit.

Draguignan, au contraire, est une commune centrale ; c'est le chef-lieu du département ; il s'y tient d'ailleurs régulièrement deux ou trois marchés par décade. Aussi des affaires privées ou des vues de commerce y attirent-elles fréquemment des communes avoisinantes un grand nombre de pères de famille qui par ces considérations seules se détermineraient à laisser de préférence leurs enfans à Draguignan pour y recevoir une éducation convenable. D'ailleurs, la présence seule du préfet général exciterait tout à la fois et le zèle des professeurs et l'émulation des élèves.

2° *Organiser la bibliothèque publique.*

Rien n'est plus essentiel aux progrès des sciences dans le département et à ceux des élèves en particulier que la prompte organisation d'une bibliothèque.

La lecture seule d'un livre suffit souvent pour développer le génie et les talens dans un jeune homme qu'on en croit privé.

On sait que c'est à la lecture fortuite d'une ode de Malherbe que La Fontaine, âgé de vingt-un ans et regardé comme un imbécille, sentit qu'il était né poète et que son esprit fut dès lors tourmenté du besoin de produire. N'est-ce pas dans la solitude de Port-Royal que Racine encore enfant alluma son génie au feu du génie de Sophocle et d'Euripide ? Si les pièces de ces auteurs célèbres ne fussent point tombées entre ses mains, aurait-il enfanté par la suite des chefs d'œuvre supérieurs même à ceux des poètes grecs ?

Il eût été facile et même peu dispendieux d'organiser la bibliothèque. Cependant elle est encore dans le chaos. Des livres précieux entassés pêle-mêle avec des livres inutiles encombrent au moins les trois quarts du local destiné à l'Ecole et y combattent tristement l'humidité, les vers et la poussière.

3° *Completter le nombre des professeurs et celui des membres du juri central d'instruction.*

Le but du législateur sur l'enseignement central est manqué tant qu'on négligera de completter le nombre des professeurs et des membres du juri de l'Ecole. C'est vouloir présenter au public un corps mutilé. La série des sections et des cours dans chaque section tient à la génération des idées et à la filiation des connaissances humaines.

Est-il possible qu'un enfant puisse s'élever à la hauteur des principes de chaque science et recevoir le complément de l'instruction si entre une section et une autre il existe des lacunes parmi les cours ? Peut-on parvenir en haut d'une échelle si les échelons du milieu viennent à manquer ?

D'ailleurs la réunion de tous les professeurs en présentant une plus grande masse de force morale et de connaissances présentera plus d'ensemble. De là plus de facilité, plus de réussite dans la marche de l'enseignement.

La nomination des membres du juri central d'instruction est de toute nécessité. Il est politique que tout établissement public soit protégé et surveillé. Le juri central d'instruction offre tout à la fois une autorité protectrice et surveillante.

4° Etablir un Pensionnat près de l'Ecole

La non-organisation des Ecoles primaires rend indispensable l'établissement d'un pensionnat dirigé par les professeurs ou par des professeurs qui auraient soin de s'adjoindre des collaborateurs.

Cet établissement serait comme la pépinière de l'école en lui préparant des élèves ; car pour en parcourir avec succès les différens cours, il faut avoir des notions préliminaires sur les objets relatifs à chaque cours. Ces notions, les jeunes gens les puiseraient dans le pensionnat. François de Neufchâteau et ses successeurs ont senti la nécessité des pensionnats près les écoles centrales pour en utiliser et relever l'enseignement. Ausssi n'ont-ils rien oublié pour que des établissemens de cette nature fussent mis en activité dans les départemens de la République et notamment dans celui du Var.

5° Surveiller les maisons d'instruction privée.

Depuis l'époque de la Révolution, il s'est élevé dans plusieurs communes du département des maisons d'instruction privée ; mais combien n'ont-elles pas été nuisibles à la jeunesse !

Là, des instituteurs, la plupart moines et prêtres, partant gens entachés de préjugés, plus charlatans qu'érudits, affamés d'argent plutôt que de gloire, au lieu de distribuer ou du moins de vendre la science et la vérité à leurs élèves leur ont vendu le poison de l'erreur et la vieille routine de l'instruction pire que l'ignorance. Loin de leur inspirer des sentimens républicains, des idées libérales, ils les ont façonnés à la bassesse, à la servitude. Il est donc de la dernière importance de surveiller ces maisons d'instruction, de connaître les plans d'étude et les livres élémentaires qui y sont adoptés.

Dans une république, il faut uniformité d'enseignement. Les mêmes principes qui dirigent les écoles centrales doivent diriger les écoles privées. L'uniformité dans l'éducation rend l'éducation nationale ; c'est l'éducation nationale surtout qui forme l'esprit public, le fomente, le ravive, l'exalte même au besoin. C'est principalement dans une république, ainsi que l'observe l'auteur de *L'Esprit des Lois*, qu'est nécessaire toute la puissance de l'éducation. Celle-ci y doit inspirer un sentiment noble mais pénible, le renoncement à soi-même d'où naît l'amour de la patrie.

Qu'on jette les yeux sur les anciennes républiques de la Grèce. Elles doivent surtout leur liberté, leur force, leur éclat, leurs victoires, leurs grands hommes en tout genre à l'éducation nationale. Mais l'anéantissement de cette même éducation entraîna l'anéantissement de ces républiques. Elles oublièrent même jusqu'au nom de liberté dès qu'il fut permis à de vils sophistes de s'emparer de l'esprit du peuple, de former la jeunesse à leur gré et de mettre leurs principes sophistiques à la place des lois et des principes libéraux déjà établis.

6° *Faire payer exactement leurs honoraires aux professeurs.*

L'homme de lettres en général croirait s'avilir en se

montrant avide de richesses. Il concentre le plus souvent sa fortune et même son bonheur dans les bornes du nécessaire. Mais dès qu'il n'est point mis à l'abri des premiers besoins, ses idées se rapetissent, son esprit se rétrécit, ses connaissances, ses talens deviennent nuls pour la société.

Si les professeurs de l'Ecole du Var, tous mariés et pères de famille, par le défaut ou le trop long retard de payement de leurs honoraires, ont à lutter contre les besoins de première nécessité ; s'ils sont tourmentés par l'incertitude de l'avenir, ils regardent leur état comme précaire : de là le dégoût de leurs fonctions et le peu de succès de la part des élèves (1) ».

Segondy,
Bibliothécaire.

OBSERVATIONS
sur les Moyens de relever l'Ecole Centrale du Département du Var

« 1° La nomination aux deux places vacantes du juri d'instruction est la première chose dont on doit s'occuper. Ce choix mérite la plus grande attention.

Pour surveiller et diriger l'instruction, il ne faut pas seulement de hautes connaissances, il faut surtout bien connaître l'art de l'enseignement, pouvoir apprécier les

---

(1) Archives départementales.

méthodes suivies, être en état de rectifier ; en un mot il
faut savoir inspirer l'estime et la confiance autant par ses
mœurs que par ses connaissances. Ces observations
deviennent si nécessaires que l'on a déjà mis plusieurs
fois sur les rangs des hommes aussi peu estimables par
leurs mœurs que par leurs talens. On aurait même de la
peine à concevoir comment une administration avait pu
proposer de tels hommes, si l'on ne savait pas qu'il est
une classe de gens qui en prenant un titre respectable,
qu'ils ont déshonoré, se croient dignes de toutes les
places. J'ose prédire qu'avec un juri bien composé et des
administrations qui secondent son zèle, l'Ecole Centrale
ne peut manquer de se relever.

2° Les membres du juri nommés, il faut que l'on pense
à remplir les trois places vacantes de professeurs. Mais
il est très essentiel que l'on s'écarte de la méthode suivie
jusqu'à présent, et que la protection ni aucune autre
considération particulière ne déterminent les choix. Que
l'on annonce deux mois à l'avance, dans toute la République, un concours pour les chaires vacantes ; que ce
concours se fasse avec le plus de pompe possible en
présence du préfet, des professeurs et des hommes qui
cultivent avec succès les sciences et les lettres. Dans le
cas même où les concurrens n'auraient pas les connaissances et les qualités nécessaires, il faudrait ajourner la
nomination et procéder à un nouveau concours. Lorsque
toutes les places seront dignement occupées, et que les
professeurs sauront se faire estimer par leurs talens e_t
leur conduite, les préventions contre ces établissemens
disparaîtront nécessairement, et les parens finiront par
les préférer à ces écoles particulières, que l'appas seul

du gain a créées, et que le charlatanisme et l'esprit de parti soutiennent encore.

3° Après la nomination aux places vacantes, ce qui presse le plus est l'arrangement de la bibliothèque. Le désordre dans lequel elle se trouve, l'insouciance que l'on a eue pour la rendre publique, et le peu de soins que l'on a pris pour conserver un dépôt qui eût été très précieux, sont une des premières causes qui ont empêché que l'Ecole Centrale du Var ne remplit le but d'utilité dont elle était susceptible. Les professeurs même n'ont pu profiter des avantages d'une bibliothèque, par un effet du désordre qui règne dans toutes les parties : rien n'est classé, rien n'est complet, et si l'on ne se ravise sur ce point, je doute que jamais on en ait une. Mais ce n'est pas tout. Non seulement la bibliothèque n'a été d'aucune utilité, elle a encore nui au service de l'école, en occupant un local nécessaire au logement des professeurs, qui étant réunis auraient été plus à portée de s'entendre et de se concerter sur tous les objets qui regardent l'instruction.

Il devenait d'ailleurs possible alors d'établir dans le local même un pensionnat qui eût fourni des élèves, et prévenir tout ce que la malveillance ou l'esprit de vengeance ont imaginé pour nuire à cet établissement. Les professeurs en ont si bien senti la nécessité qu'ils ont demandé au Ministre la translation de la bibliothèque dans la maison de la ci-devant baronne de La Garde. Le Ministre y a consenti, et il ne manque plus que de remplir ses vûes à cet égard. Mais auparavant il faut que l'on fasse un recensement bien exact de tous les ouvrages qui restent ; que l'on sépare ceux qui peuvent être utiles de ceux qui n'ont aucune valeur, et que l'on se débarrasse de ces derniers. Cela fait, il est indispensable de fixer un terme à l'arrangement de la bibliothèque, ainsi que l'époque où elle pourra être rendue publique.

4° L'établissement d'un pensionnat sous la direction de tous les professeurs ou de quelques-uns d'entr'eux devient absolument indispensable. On pourrait durant les deux mois de vacance de cette année s'occuper des moyens d'organisation, et des démarches à faire pour engager les parens à y envoyer leurs enfans. Une proclamation du préfet sur les avantages de l'instruction et sur ceux que présentent les Ecoles Centrales, pourrait être d'un très bon effet. On procéderait en même tems à la nomination des élèves qui ont droit à une faveur de la nation, soit à cause de leurs talens, soit à raison des titres de leurs parens à la reconnaissance publique. Ainsi, on les choisirait ou parmi ceux qui appartenant à des parens pauvres ont annoncé de grandes dispositions et l'amour du travail, ou parmi les enfans qui ont perdu leur père à la défense de la patrie.

5° Les examens qui doivent avoir lieu tous les trimestres pourraient devenir très-utiles, s'ils étaient faits avec plus de pompe et d'appareil.

Non seulement les membres du juri et les professeurs devraient y assister, mais encore le sous-préfet et les personnes qui cultivent les sciences. Il faudrait même qu'indépendamment des examens particuliers où tous les élèves seraient scrutés sévèrement, il y eût tous les six mois un examen public auquel ne paraîtraient que les élèves les plus distingués. Cet examen, qui serait suivi d'une distribution de prix, exigerait le plus d'appareil et de pompe possible. L'ouverture en serait faite par un discours qui serait imprimé à la suite du procès-verbal de l'examen. C'est ainsi que l'on ferait connaître au peuple ces établissemens dont il a eu jusqu'ici la plus fausse idée. En voyant qu'on leur attache de l'importance, il leur en attacherait lui-même. Je ne désapprouverais même pas que l'on mît quelquefois en scène des drames moraux et intéressans : le public y accourrait, applaudirait avec plaisir aux premiers succès des jeunes élèves, et chacun désirerait voir son fils obtenir de semblables applaudissemens. Dès lors les préventions disparaîtraient, les reproches d'inutilité tomberaient, tous les obstacles locaux s'évanouiraient insensiblement.

6° Il est très important que les professeurs aient avec les membres du jury des conférences régulières sur les divers objets d'enseignement. Il en faudrait donc établir tous les mois ; leurs résultats seraient consignés dans un registre particulier, et un double en serait envoyé au préfet. Mais afin d'offrir à tous les professeurs un sujet d'émulation, il serait utile aussi que chacun fût obligé de donner, une fois tous les ans, une séance publique à laquelle seraient invitées les personnes qui s'occupent de science. Cette séance serait remplie par une dissertation écrite ou orale, sur quelque point important de la science que l'on professe. C'est par ce moyen que tout le monde serait tenu en haleine, que les méthodes d'enseignement se perfectionneraient, et que ceux que la faveur seule aurait placés, se verraient obligés d'abandonner un poste qu'ils ne peuvent remplir honorablement.

7° Comme les établissemens d'instruction ne peuvent se soutenir que par la considération et les égards qu'on leur accorde, il est essentiel que lorsque les professeurs rempliront dignement leurs fonctions, ils obtiennent ces marques d'estime qui les touchent bien davantage que les émolumens de leur place. Il conviendrait donc qu'on leur assignât un rang convenable dans les cérémonies publiques ; et surtout que quelque marque distinctive empêchât de les confondre avec un simple citoyen. C'est ainsi que le peuple les distinguerait aussi dans son esprit, et aurait des fonctions qu'ils remplissent des idées plus justes et plus vraies. Mais, si au contraire parce qu'ils n'ont aucune autorité coërcitive, ni des places à accorder, on les relègue dans les derniers rangs, et que chacun croye avoir des ordres à leur donner ou des sottises à leur écrire, on doit être bien convaincu que l'on n'aura jamais d'instruction publique, et qu'il ne restera pour remplir des fonctions aussi pénibles et aussi peu honorées que des hommes lâches et serviles, incapables de rien faire pour les progrès de la raison et des sciences.

8° Le plan d'instruction pour les Ecoles Centrales suppose dans les élèves les principes de la langue française, du calcul, et surtout l'habitude du travail et de la réflexion. Sans ces préliminaires, les Ecoles Centrales ne peuvent remplir qu'imparfaitement les vues du législateur, et se trouvent transformées en établissemens secondaires, surtout dans ces contrées où l'éducation première est extraordinairement négligée.

Dans le département de la Seine, on vient de former une école normale pour les instituteurs primaires auxquels les professeurs des Ecoles Centrales font connaitre les vraies méthodes d'enseignement et le plan à suivre, pour que la distance entre les deux premiers degrés d'instruction ne soit pas trop considérable. Un semblable établissement serait bien nécessaire dans ce département où les instituteurs n'ont qu'une vieille et mauvaise routine, infiniment nuisible aux progrès des connaissances.

Au reste, il est nécessaire que le législateur revoie les loix sur les écoles primaires ; car la première instruction, comme la plus difficile et la plus délicate, a besoin de grands encouragemens, et l'on n'aura jamais de bons instituteurs si l'on ne leur accorde de la considération, et si en même-tems on ne leur donne des émolumens qui les mettent à l'abri du besoin.

Après avoir cherché par quels moyens on peut relever l'Ecole du département du Var, il reste à examiner si sa *translation de Toulon à Draguignan serait avantageuse ou nuisible à l'instruction*. Or, je crois pouvoir avancer en principe : 1° qu'une école centrale doit être fixée dans la commune la plus populeuse ; car l'instruction doit être mise à la portée du plus grand nombre possible de citoyens peu fortunés. Le riche envoie son fils où il lui plaît, et les distances ne sauraient être un motif assez déterminant pour qu'il néglige son instruction, si toutefois il en sent le prix. Le citoyen peu fortuné, au contraire, ne pouvant déplacer son fils du lieu qu'il habite, a besoin que l'on transporte l'instruction là où il est. La Société lui doit même ce dédommagement. Le pauvre est déjà assez malheureux et assez dépendant, sans qu'on lui ôte encore l'espérance de voir un jour son fils se distinguer par ses connaissances et ses talens, et devenir l'égal du riche qui le méprisait.

D'ailleurs, s'il est vrai que le goût des sciences ne soit

pas toujours un motif assez puissant pour s'y livrer, et qu'elles soient cultivées avec bien plus de constance par celui qui n'a pas d'autres moyens de se relever et de pourvoir à ses besoins, que par l'homme déjà considéré par son rang et ses richesses, il est indubitable qu'il est de l'intérêt de la société de mettre l'instruction là où se trouvent le plus de citoyens peu fortunés.

Or, de toutes les communes du département du Var, celle de Toulon est sans contredit la plus populeuse. Elle renferme au moins vingt mille habitants, tandis que celle de Draguignan en a à peine le quart. L'expérience passée vient aussi à l'appui du raisonnement. Le collège de Toulon avait dans les derniers tems de son existence soixante pensionnaires, et au moins cent cinquante externes ; au lieu que celui de Draguignan n'a jamais eu en tout, guère que cent élèves, parmi lesquels une quarantaine étaient pensionnaires. Or, par quelles raisons voudrait on qu'à présent le contraire arrivât. Il n'y a que l'irréflexion ou des motifs particuliers qui pourraient faire raisonner ainsi.

On fait sonner bien haut le défaut de centralité de la commune de Toulon. Mais c'est là un inconvénient imaginaire qui n'a d'autre fondement qu'une fausse analogie que l'on tire. Car de ce que l'administration du département doit se trouver au centre de la population, on en conclut qu'il en doit être de même de l'Ecole Centrale. Mais, s'il est utile qu'une administration se trouve au centre des administrés, c'est parce que ceux-ci sont tous les jours dans le cas de faire au chef-lieu, pour obtenir justice, des voyages qui deviendraient trop dispendieux pour ceux qui seraient les plus éloignés :

indépendamment que la correspondance de tous les points avec l'administration générale ne pourrait que souffrir des retards occasionnés par les trop grandes distances.

Or, il n'en est pas de même de l'Ecole Centrale. Comme ceux qui envoient leurs enfans à des pensionnats sont toujours ou des gens riches ou des citoyens aisés, ils pourront facilement se transporter là où se trouve fixée l'école centrale. Les dépenses pour un si petit objet ne sauraient être un motif assez déterminant pour ne pas les faire. D'ailleurs il suffit d'un voyage au commencement de l'année et d'un autre à la fin. Il est même avantageux que les enfans ne soient pas visités trop souvent par leurs parens ; autrement, ils seront distraits de leur travail, et ne pourront obtenir les mêmes succès que s'ils se trouvent à une distance qui ne permette pas de fréquentes visites.

On allègue encore pour motif de la translation le peu de goût que montrent pour les sciences les habitans de Toulon. Mais il me semble que ce serait, au contraire, une forte raison pour ne point transférer l'Ecole Centrale. Car il est de l'intérêt de la société que l'on place l'instruction dans les lieux qui en ont le plus de besoin. Ce n'est pas en éloignant la lumière d'un homme qui est dans les ténèbres que l'on pourra l'éclairer. Plus la commune de Toulon a souffert des effets de l'ignorance et de l'intrigue, plus il est avantageux pour la République qu'on lui laisse des moyens de réparer ses pertes et de reconnaitre ses erreurs. Cette intéressante commune sera toujours la proie de quelques dominateurs avides et méprisables, si vous en éloignez l'instruction et un établissement qui peut être un objet de crainte pour cette classe d'hommes qui ne veut avoir que des ignorans à gouverner.

Si l'on convient que Draguignan sente davantage le prix de l'instruction, ses habitans seront bien plus portés que ceux de Toulon à envoyer leurs enfans à l'Ecole Centrale, en quelque lieu que celle-ci se trouve placée ; et il en résultera nécessairement alors un avantage pour le progrès des connaissances. Au reste, c'est déjà ne s'être pas montré ennemi des sciences que d'avoir fourni à un établissement naissant une soixantaine d'élèves, dans un tems surtout où beaucoup de jeunes gens sont dispersés par suite de la guerre continentale et maritime. Or, si on est de bonne foi, on conviendra que jamais la commune seule de Draguignan n'en eût fourni autant. Que l'on forme un pensionnat à Toulon ; que l'on surveille les instituteurs particuliers qui retiennent auprès d'eux des jeunes gens capables de suivre les cours de l'Ecole Centrale ; que l'on donne de l'éclat à un établissement aussi important ; que l'on encourage les professeurs par la considération due à l'homme utile, et la stérilité de l'Ecole Centrale cessera, et l'instruction fera bientôt sentir son influence bienfaisante sur les habitans trop malheureux de cette commune qui a tant souffert de la trahison des uns et de l'ambition des autres.

Parce que Toulon renferme des écoles spéciales de Marine et de Santé, on ose avancer que cette commune peut se passer d'Ecole Centrale. Mais c'est assez peu connaître la liaison et l'ordre des connaissances que de raisonner de la sorte, car avant d'aller aux écoles de Marine et de Santé, il est indispensable de bien connaître sa langue, de la parler, de l'écrire ; il est utile de savoir dessiner ; il est nécessaire d'avoir appris l'art du raisonnement, de connaître les principes de morale universelle qui doivent servir de base à la conduite de l'homme ; en un mot, il est essentiel d'avoir eu une première éducation soignée et d'avoir contracté l'habitude du travail et de la réflexion. Sans cela, les écoles spéciales ne pourront remplir leur but, et n'offriront, comme il est arrivé jusqu'à présent, que des résultats nuls ou peu satisfaisans. D'ailleurs il est ridicule de trouver une incompatibilité entre l'existence des écoles spéciales et celle de l'Ecole Centrale dans un même lieu ; surtout si l'on observe que celle-ci est destinée pour la généralité des citoyens tandis que celles-là ne peuvent être suivies que par les personnes qui se destinent à l'état pour lequel sont établies les écoles spéciales.

Quant à la surveillance de l'Ecole Centrale, qui serait plus active dans le chef-lieu même du département, je crois pouvoir observer que la loi ayant établi un juri d'instruction pour cet objet, lorsque ce juri sera bien composé, tout marchera dans l'ordre le plus convenable, et le préfet sera instruit de tout par des personnes qui n'ont aucun intérêt à le tromper. D'ailleurs, si les professeurs ont été bien choisis, on doit un peu s'en reposer sur leur amour pour les progrès des sciences ; il serait même injurieux et décourageant pour des hommes qui depuis long-tems cultivent les lettres ou les sciences qu'on les traitât à l'instar de jeunes commis. La confiance encourage et élève l'âme; la méfiance avilit et excite à tromper.

2º La commune de Toulon ne mérite pas seulement l'Ecole Centrale, comme la plus populeuse du département, mais encore comme celle qui fournit le plus de moyens pour l'application des sciences et des arts. Un grand arsenal, des atteliers et des machines de tous les genres, les travaux continuels qui s'y exercent peuvent offrir aux élèves qui étudient les sciences mathématiques et physiqnes des secours et des moyens d'application précieux que l'on chercherait en vain ailleurs. L'exécution de si grandes choses, la vue d'un port, d'une magnifique rade doivent agrandir les idées des jeunes gens, et peuvent souvent développer en eux le germe caché du talent auquel il ne manque presque toujours qu'une occasion pour se développer.

Or, quels avantages la commune de Draguignan peut-elle opposer à ceux de toute espèce que présente Toulon ? Isolée au milieu des montagnes, éloignée presque de toute communication, ne renfermant rien d'intéressant ni pour les sciences ni pour les arts ; ne pouvant offrir à l'imagination des jeunes gens aucun objet propre à l'exciter, ni à lui faire franchir les limites ordinaires, elle deviendrait le tombeau de l'émulation, et ne produirait que des avortons, ou des élèves qui végéteraient long-tems, avant de prendre le moindre essor.

9° Enfin l'Ecole Centrale de Toulon peut concourir aux moyens de réforme dont a besoin notre Marine. Il est assurément du plus grand intérêt pour la République que les jeunes-gens dirigent leurs vûes vers cette partie si importante du service public. Or, c'est l'effet qui doit résulter nécessairement de la fixation de l'Ecole Centrale à Toulon. L'aspect continuel des travaux d'un grand arsenal, les mouvements d'un port, les conversations des marins, les examens des aspirans, tout doit porter dans l'esprit des jeunes-gens le goût de la mer et les engager à parcourir une carrière si propre à satisfaire la curiosité et l'activité de l'homme.

Mais ce n'est pas seulement aux jeunes-gens que l'Ecole Centrale à Toulon sera utile : elle le sera beaucoup encore à tous les jeunes officiers qui connaissant l'importance et les difficultés de leur état viendront assister comme auditeurs aux leçons de certains professeurs. Les cours d'histoire naturelle, de mathématiques, de physique, de langues vivantes, de belles-lettres, d'histoire, de législation, leur offriront toujours des sujets assez intéressans pour qu'ils se montrent empressés de les suivre. La bibliothèque de l'Ecole Centrale, si jamais on l'organise, sera à Toulon d'une utilité bien au-dessus de celle dont elle serait à Draguignan, par la raison que cette dernière ville, à cause de sa population peu nombreuse et de son isolement, n'offre qu'un bien petit nombre de personnes qui puissent s'occuper des sciences, tandis que la première renferme une foule de citoyens qui tous ont besoin de les cultiver, et dont l'existence et la considération dépendent des progrès qu'ils y feront. C'est là du moins ce qui arrivera infailliblement lorsque toutes les parties de ce service public seront réformées et composées comme elles doivent l'être.

Telles sont les observations, citoyen Préfet, que j'ai cru devoir vous mettre sous les yeux, pour le bien de l'instruction en général, et en particulier pour l'avantage de l'Ecole Centrale de ce département. (1) »

SUZANNE,
Professeur de Mathématiques.

---

(1) Archives départementales.

Les mémoires si explicites qui viennent d'être reproduits durent avoir une influence décisive sur l'esprit du préfet, d'autant plus que le gouvernement consulaire montra, dès le début, qu'il s'intéressait à l'instruction publique, en particulier aux écoles centrales.

Le Consulat existait depuis deux semaines seulement que le nouveau ministre de l'Intérieur, le savant Laplace, conseilla à l'administration du département du Var l'annexion d'un pensionnat à son école centrale. (1)

Les cours commençaient d'ailleurs à y fonctionner d'une manière régulière et encourageante, ainsi qu'en témoigne une lettre du préfet au citoyen Crespin, membre du jury d'instruction. (2)

---

(1)   Paris, le 5 frimaire an VIII (22 novembre 1799).
Le Ministre de l'Intérieur à l'Administration centrale
                      du Département du Var, à Grasse.

« Citoyens, votre école centrale a éprouvé de longs retards dans son organisation ; quelles qu'en aient été les causes, il est certain qu'elle est encore éloignée du degré de splendeur qu'elle doit atteindre. Un des plus sûrs moyens d'y parvenir serait l'établissement d'un pensionnat. Les professeurs de l'Ecole sont disposés à vous seconder et je ne doute point de votre empressement à accueillir leurs vœux.

« Aussitôt que vous aurez arrêté les mesures à cet égard, je vous invite à m'en faire part. »

                                 Le Ministre de l'Intérieur,
                                      LAPLACE.

(2)   Draguignan, le 27 prairial an VIII.
Au citoyen Crespin, professeur à l'Hopital Militaire et membre du Jury d'instruction à Toulon.

« J'ai reçu, Citoyen, avec votre lettre du 12 de ce mois, le procès-verbal des séances que le Jury d'instruction a consacrées à l'examen des élèves qui suivent les différens cours de l'Ecole Centrale.

Dès la rentrée de l'an IX, l'école semble avoir doublé le cap. Les documents qui la concernent abondent et montrent qu'elle était enfin dans une voie pleine de promesses.

L'ouverture des classes avait eu lieu solennellement le 2 brumaire, et cette cérémonie, présidée par le préfet, a été relatée dans le procès-verbal qui suit : (1)

« Le 2 brumaire an IX de la République Française, les autorités civiles, judiciaires, militaires et maritimes se

---

« J'ai remarqué avec plaisir que plusieurs d'entre eux se livrent à leurs études avec le goût et l'application propres à développer le germe des talens qu'ils ont reçu de la nature.

« Vous devés être persuadé, Citoyen, de mon zèle à assurer par tous les moyens qui seront en mon pouvoir les progrès de cet établissement.

« Le Gouvernement actuel n'a rien plus à cœur que d'encourager les sciences, de protéger les arts et d'utiliser tous les talens. Il distinguera sans doute les Professeurs qui seconderont ses vues en s'acquittant dignement de la tâche honorable de former des citoyens.

Signé : Fauchet.

(Archives départementales.)

(1) A Toulon, le 21 brumaire, an IX de la République. Les Professeurs de l'Ecole centrale du Var au citoyen Fauchet, préfet général du même département.

Citoyen,

« Nous vous adressons le procès-verbal de la séance que vous avez présidée et que avez su rendre intéressante.

« Nous espérons que vous voudrez bien enrichir ce verbal du superbe discours que nous avons eu le plaisir d'entendre.

« Il serait fâcheux que les précieuses vérités qu'il renferme fussent perdues en partie et n'eussent point la publicité qu'elles méritent.

« Salut et respect. »

Signé : Martelot, Ortolan, Décugis, André, Julien.

sont rendues au temple décadaire de Toulon, d'après l'invitation du citoyen Fauchet, préfet général du département du Var.

« Sur les dix heures, moment fixé pour la cérémonie de la rentrée de l'Ecole Centrale, le citoyen Fauchet précédé d'une musique guerrière, accompagné du sous-préfet de l'arrondissement, du maire, de ses adjoints, et suivi d'un nombreux concours de citoyens, est arrivé lui-même au Temple, et y a été reçu par les professeurs ayant à leur tête les membres du Jury central d'instruction.

« Lorsque le citoyen Fauchet eut pris la place qui lui était destinée, le citoyen Martelli Chautard, maire de Toulon, monta à la tribune et ouvrit la séance par un discours qui fut écouté avec le plus grand intérêt.

« L'empressement d'une jeunesse studieuse qui se précipite au devant des leçons que la sagesse et la science lui ont préparées, le concours des citoyens qui viennent contempler ce touchant spectacle, le premier magistrat du département qui l'anime de ses regards, tels sont les objets qui l'occupent d'abord, et qu'il développe avec une douce sensibilité.

« Cet intérêt général, ajoute-t-il, annonce qu'il ne s'agit pas d'une cérémonie indifférente, mais du sort d'une génération qui doit assurer le bonheur de la patrie. Si la France, en effet, peut se promettre une succession de citoyens vertueux et éclairés ; si sur cet espoir elle peut fonder sa prospérité et sa gloire future, c'est de l'éducation seule qu'elle tiendra de si grands bienfaits. »

Après avoir ensuite porté ses regards sur les veilles, les fatigues, les privations qu'exige le ministère de l'instruction, sur les études pénibles auxquelles les professeurs se livrent, et sur les devoirs qu'ils ont à remplir, il poursuit ainsi en leur adressant la parole :

« Le tems n'est plus où vos sacrifices n'eussent été comptés pour rien. La gloire, dont un gouvernement fondé sur les lumières et la vertu, environne la sagesse et les sciences, vous garantit le juste prix qu'il saura mettre à vos travaux. Vous ne travaillerez plus dans l'ombre et dans l'oubli, vous n'aurez plus à craindre une décourageante ingratitude. L'Etat ne vous désignant aucun rang précis dans la hiérarchie politique semble vous dire qu'il n'en est aucun auquel il ne vous soit permis d'aspirer. Vous êtes les candidats nés de toutes les places, de tous les genres d'honneurs, puisqu'il n'y a ni places ni honneurs dont vos mœurs, dont vos connaissances ne puissent vous rendre dignes.

« Cet homme étonnant dont le nom seul est un éloge, le premier magistrat de la République, parmi tous ses titres de gloire, vous le savez, semble avoir choisi de préférence celui des sciences et des arts. Qui de nous n'a pas remarqué qu'il place avec une sorte de prédilection à côté des noms fastueux de *Général* et de *Consul,* le titre modeste, mais non moins glorieux, de *Membre de l'Institut National ?* Qui de nous ignore qu'il a présidé cette société savante avec un aussi noble orgueil que chaque jour il préside, pour ainsi dire, le Grand Empire qui lui a remis ses destinées ? Parmi les hommes qui composent son conseil intime, la science ne compte-t-elle pas des sectateurs les plus fidelles ?

« Ces précieux ornemens nous les retrouvons encore dans les premières places de la magistrature. Celui sous les auspices duquel se rouvre aujourd'hui la première

École du Var, cet ancien ministre auprès d'une république que la France monarchique créa, que la France libre suit et efface dans la carrière de la gloire, ce préfet d'un département populeux, au milieu de ses occupations importantes, ne fait-il pas briller son amour pour les sciences et les lettres ? Lorsqu'il parle, ne serait-on pas tenté d'oublier le magistrat pour ne voir que l'un des plus aimables favoris des muses, si son administration ne lui laissait autant de droits à notre confiance et à notre gratitude ?

Qu'un pareil état de choses, que de tels agens du gouvernement sont d'un favorable augure pour cette école ! C'est ici pour elle l'époque d'une régénération. Le moment est enfin venu où elle va sortir de cette espèce d'incertitude dans laquelle elle a vécu jusqu'à ce jour, au milieu de toutes les luttes, de toutes les contrariétés, de tous les besoins. Les professeurs vont redoubler de zèle, le gouvernement de protection, les citoyens de soins et d'égards. Cette cité appréciant mieux la faveur de la posséder dans son sein, et cédant à l'impulsion générale en faveur des sciences et des arts, s'enorgueillira d'un établissement qui doit la faire renaître à la prospérité et au bonheur. »

Ces douces espérances se trouvent fortifiées aux yeux de l'orateur par l'aurore d'une paix glorieuse que l'humanité réclame, que la valeur invincible de nos armées et la sagesse du gouvernement nous assurent.

L'aurore de la paix vient fortifier d'aussi douces espérances. La paix ! quelle vive, quelle tendre émotion ce mot porte dans tous les cœurs ! Citoyens ! nous ne tarderons pas à le posséder ce bien, l'objet de tous nos vœux.

Nous en avons pour garant la valeur invincible de nos armées, le besoin de l'humanité, la sagesse et la générosité de notre Gouvernement, la considération au-dedans et au-dehors.

C'est sur nous mêmes, c'est sur nos divisions plutôt, que sur la force de leurs armes que nos ennemis fondoient leurs succès et notre ruine. Que tout soit unanime, que tout soit d'accord.

Sous un Gouvernement qui veut le bien de tous, qui fait également peser l'authorité sur tous et la puissance et la loi devant une justice égale pour tous, doivent disparaître les erreurs et jusqu'aux dénominations des partis.

Insensés ! Nous eussions voulu n'a gueres obtenir de nos ennemis une paix que nous n'avions point encore avec nous mêmes. L'ordre naturel des choses ne sera plus interverti, et paisibles d'abord entre nous, par une suite inévitable, nous le serons bientôt avec les nations étrangères.

Jeunes élèves, reprenez vos travaux sous des auspices aussi favorables. Dans peu, Mars ne vous appellera plus à son école. Ses jeux cruels ne vous seront plus retracés que par les paisibles combats que l'émulation se livrera dans cette enceinte. Le gouvernement, vos magistrats, vos concitoyens, environneront l'arène. Là ils suivront, avec les émotions du plus vif intérêt, vos efforts et ceux des hommes estimables chargés de vous diriger. Ils applaudiront à vos succès, ils en féliciteront la République. Satisfaits de revoir dans une postérité digne d'eux de nouveaux ornemens, de nouveaux soutiens de la patrie, ils auront la consolation de s'écrier avec un ancien :

Nous ne mourrons pas tout entiers..

Vive la République ! »

Lorsque le citoyen Martelli fut descendu de la tribune, le citoyen Fauchet le remplaça.

Il serait difficile d'exprimer la vive sensation produite par le discours qu'il prononça sur *La nécessité de l'instruction dans un gouvernement libre et sur les ressources infinies que présente le mode d'enseignement suivi dans les écoles centrales.*

Précédé à la tribune par une réputation des plus brillantes, on peut dire qu'il a surpassé l'attente générale. Une élocution riche et facile à la fois, une imagination qui sait tout embellir, une voix sonore et flexible, l'orateur avait tout en sa faveur ; aussi fut-il couvert d'applaudissemens.

Nous regrettons de ne pouvoir enrichir ce procès-verbal de quelques-uns des grands traits qu'il offrit à l'admiration des auditeurs. Il faut espérer que cédant au vœu de tous ceux qui ont eu le plaisir de l'entendre, le citoyen Fauchet voudra bien livrer à l'impression un ouvrage qu'on ne lira à coup sûr qu'avec le plus grand intérêt.

Le professeur de grammaire générale a prouvé dans la même séance, par son discours sur *les avantages de la parole*, qu'il n'est point de matière si aride qui ne puisse devenir intéressante. Quoique le sujet parût peu susceptible des ornemens de l'éloquence, le citoyen Ortolan a su par la forme heureuse qu'il lui a donnée, par des images brillantes ou gracieuses, par des traits variés et piquants, se rendre agréable à la généralité des auditeurs.

L'influence de la parole sur la raison, sur les sentimens, sur l'imagination et sur le génie forme les différentes parties de son discours.

L'hypothèse d'un homme vivant dans l'épaisseur des forêts, séparé de ses semblables, et ne pouvant communiquer avec eux à l'aide des sons, fournit l'exemple par lequel il termine les preuves solides qui appuient la première partie de son discours : « La raison de cet homme, dit-il, est le feu caché dans les veines du caillou qui ne jette des étincelles qu'autant qu'il est heurté par un corps étranger ; c'est le bouton de rose qui n'ouvre son calice et ne déploie ses pétales odorans qu'au rayon d'un beau jour ; c'est le bloc de marbre brut qui pour devenir un Jupiter tonnant appelle le ciseau du statuaire ; c'est l'or que la force seule des bras arrache de la mine où il est enseveli et que le feu seul épure dans le creuset. »

Après avoir prouvé par des raisonnemens également heureux et par des exemples très bien choisis l'influence de la parole sur les sentimens, passant à l'influence qu'elle exerce sur l'imagination et sur le génie, il ajoute que la raison et les sentimens agissent à leur tour sur l'imagination. Sans eux elle est morte ou se traîne sans vigueur. Mais échauffée par les sentimens et soutenue par la raison, l'imagination est un vrai Protée qui revêt toutes sortes de formes : tantôt bruyant tonnerre, ce Protée roule d'un pôle à l'autre sur les vents déchaînés ; tantôt aigle audacieux, il plane majestueusement dans le vague des airs et semble en s'y perdant vouloir insulter à l'astre du jour ; tantôt Vésuve ardent, il s'agite, ouvre en mugissant son cratère enflammé, vomit parmi des flots de feu des rochers calcinés, promène en grondant une lave écumante sur un sol ébranlé, porte l'effroi, la mort dans les palais des grands et dans les chaumières des laboureurs ; tantôt pythonisse échevelée, il perce l'abyme des tombeaux, en ranime les cendres éteintes et évoque les mânes sanglans ; tantôt colombe tendre et sensible, il se plaît au milieu d'un bosquet de rose et de myrthe, et y roucoule paisiblement ses amours ; tantôt source abondante et limpide, du flanc d'un rocher escarpé, il s'échappe en écumant dans un large et vaste bassin ; puis, sur un sable argenté, entre des prés fleuris, promène lentement son onde de cristal, et se partage enfin en divers petits ruisseaux qui, dans les vallons, sous un ciel d'azur, vont arroser, féconder, multiplier les dons de Pomone, de Vertumne et de Flore. C'est par là que l'imagination commande à la nature, en fait son domaine, l'aggrandit, et en recule à son gré les limites.

De la réunion de la raison exercée par la parole, des sentimens développés, et de l'imagination mise en jeu par elle se compose et s'accroit le génie. C'est alors que s'élançant sur ses ailes de feu, le génie de l'homme s'élève jusqu'au ciel, en parcourt l'étendue immense ; descend avec la même rapidité dans l'abyme profond, puis remonte sur la terre dont il saisit toutes les parties et les réunit comme dans un seul point.

Voyez comme il embrasse tout-à-la-fois le présent, l'avenir, le passé ; comme il se jette du monde physique dans le monde réel, de celui-ci dans le monde moral !

De là, ces chefs d'œuvre de sentiment, de goût et d'harmonie enfantés dans l'ancienne Grèce par les Homère, les Sophocle, les Euripide, les Démosthène ; dans l'ancienne Rome, par les Térence, les Horace, les Virgile, les Ciceron ; chefs d'œuvre reproduits dans les siècles derniers sous des formes non moins frappantes, et peut-plus variées, par les Corneille, les Molière, les Racine, les Boileau, les Massillon les Fénélon, les Voltaire, auteurs sublimes qui, s'ils ont eu et ont encore des détracteurs parmi nous, ne les comptent que parmi la tourbe obscure de ces hommes de cœur rétréci, dont l'imagination glacée ne put jamais s'enflammer au feu de de leur génie ; de ces hommes, dis-je, qui resserrés dans la sphère bornée d'une métaphisique vaine, ou de quelques calculs froids et rebattus trouvent partout ailleurs l'absence du beau, des talens et du goût : semblables à ce hibou de la fable qui ne pouvant supporter les rayons du soleil, prend de là l'occasion d'en blâmer l'éclat.

« Jeunes Français, poursuit le citoyen Ortolan en terminant son discours, douce espérance de la patrie, tandis que la paix, souriant à la voix d'un héros, lui promet de couronner bientôt les efforts des phalanges guerrières qu'il conduisit tant de fois à la victoire, tandis que son génie devenu pacificateur s'occupe à ramener parmi nous la concorde, les vertus, les sciences, l'industrie et, avec elles, la prospérité nationale, jeunes Français, empressez-vous de recevoir cette éducation républicaine que vous offrent les lycées, qu'une loi bienfaisante a ouverts en votre faveur. Faites-vous un devoir d'en suivre progressivement les divers cours. Ne négligez point celui où vous devez être initiés dans la science de la parole. C'est elle, ainsi que j'ai tâché de le prouver, qui exerce, perfectionne la raison ; manifeste, communique au dehors les sentimens élevés, les passions généreuses, les affections tendres ; c'est elle qui embellit met en jeu l'imagination, donne l'essor au génie ; c'est la connaissance des principes de la parole qui vous facilitera l'étude de la langue des Grecs et des Romains, les deux premiers peuples de l'univers ; c'est la connaissance de ces mêmes principes qui vous rendra aisée, douce et agréable la langue de la nation à laquelle vous appartenez ; c'est par le secours de cette langue, qu'un jour, à l'exemple du digne magistrat qui préside cette intéressante cérémonie, dans des discours pleins de chaleur, de goût et d'un civisme épuré, vous pouvez faire connaître aux administrés leurs droits et leurs devoirs, les ployer pour ainsi dire, par la force seule de la persuasion, sous le joug utile et honorable des lois, le seul qui convienne à des hommes libres, et sans lequel tout n'est que confusion, anarchie. C'est par le secours de cette langue, qu'élevés dans un âge plus avancé du sein de la vie privée aux premières magistratures, vous pourrez discuter les grands intérêts des nations ; tonner, à l'exemple de Démosthène, contre les nouveaux Philippe ; écraser, comme Cicéron, des foudres de l'éloquence, les Catilina, les Verrès et les Antoine modernes ; c'est par elle enfin que vous contribuerez à garantir du souffle brûlant des factions et de la tyrannie notre édifice constitutionnel, et que vous en rendrez les fondemens inébranlables. »

A l'instant où le professeur de grammaire générale eut fini son discours, le citoyen Crespin, médecin, membre du Jury d'instruction, annonça qu'il allait proclamer

ceux des élèves qui avaient obtenu des prix en l'an VIII, et que tous recevraient des couronnes de la main de l'aimable magistrat qui présidait l'assemblée.

Cette annonce inattendue, les applaudissemens qui la suivirent, la joie qui éclata parmi les élèves, le doux saisissement de leurs parens, les airs animés qu'exécuta la musique, terminèrent cette séance de la manière la plus satisfaisante.

Lorsque cette touchante cérémonie fut achevée, le citoyen Fauchet sortit du Temple et fut reconduit, au milieu d'une foule immense, par les autorités constituées et par les élèves qui avaient reçu des couronnes.

Vu et certifié conforme à la vérité par les membres du Jury central d'instruction et les professeurs formant le Bureau de l'Ecole Centrale du Var. (1)

Signés : MARTELOT, COURTÈS, CRESPIN,
DÉCUGIS, ANDRÉ.

Dès le surlendemain de la rentrée des classes s'ouvrit un concours pour l'emploi de professeur de physique et de chimie, qui était demeuré inoccupé depuis la création de l'école.

Il fut fait avec un soin minutieux, dans des épreuves publiques, et il dura plus d'une semaine, à raison de deux séances chaque jour.

Nous publions une partie du curieux procès-verbal des opérations du Jury d'instruction chargé de procéder à ce concours.

---

(1) Archives départementales.

EXTRAIT DES REGISTRES

DU

JURI D'INSTRUCTION PRÈS L'ÉCOLE CENTRALE DU VAR

Séance du 4 brumaire an IX

« ... Les membres du Jury ont délibéré :
1° Que la chaire de Chimie seroit la première mise au concours, et que leur prononcé sur les deux chaires de physique et de chimie ne seroit rendu public qu'après les épreuves de toute espèce exigées pour elles.

2° Que les épreuves pour celle de chimie et physique expérimentale étoient arrêtées ainsi qu'elles suivent :

1re Epreuve. — Que le candidat le plus ancien d'âge seroit appellé dans la séance du six courant, que six questions, trois de chimie et trois de physique expérimentale, lui seroient présentées, pour qu'il eût dès ce même instant, jusqu'au lendemain dix heures du matin, à préparer une leçon sur chacune d'elles, qui pourroit lui échoir au sort par le billet qu'il sera tenu de tirer en public.

2e Epreuve. — Qu'aussitôt après cette épreuve les deux autres candidats pourront chacun lui présenter deux objections sur les deux leçons

3e Epreuve. — Que dans une des séances suivantes les trois candidats auront à traiter par écrit, en public, et en présence du Jury une question tirée au sort, parmi celles que le Jury lui-même leur aura proposé.

4ᵉ Epreuve. — Que chacun des candidats sera tenu de traiter démonstrativement une question de chimie et une de physique, le soir du même jour où il aura traité la question en chaire.

5ᵉ Epreuve. — Les candidats remettront en outre au Jury, avec leurs plans d'étude et mode d'enseignement écrit, leurs tittres littéraires et ceux de leur moralité et de leur conduite.

Le Jury en clôturant la séance de ce jour, l'ajournant pour le six courant, a enfin délibéré que la même forme sera strictement observée par tous les candidats.

Séance du 6 brumaire an IX

Les membres du Jury, de nouveau réunis, ont d'après une sage discution arrêté ensemble les six questions suivantes :

POUR LA CHIMIE

1ʳᵉ Question.— *Développer la théorie de l'éthérification.*

2ᵉ Question.— *Déterminer les différens degrés d'oxydation du plomb.*

3ᵉ Question. — *Déterminer les différens degrés de combinaison du souffre avec l'antimoine.*

POUR LA PHYSIQUE

1ʳᵉ Question. — *Exposer les loix générales de l'électricité.*

2ᵉ Question. — *Exposer la théorie des leviers.*

3ᵉ Question. — *Exposer les qualités physiques de l'air.*

Aussitôt après les citoyens Humbert, Bonnet et Banon,

candidats inscrits pour le concours de la chaire de Chimie et Physique expérimentale, ont été admis dans le sein de la séance. L'un d'eux, le citoyen Bonnet, a déclaré se désister de ses prétentions pour la chaire de chimie et physique expérimentale pour les borner, d'après son goût naturel, à celle d'histoire naturelle. Les deux candidats restants ont de suite pris communication écrite des six questions ci-dessus, pour que le plus âgé d'entr'eux, le citoyen Humbert, eût à préparer ses préleçons sur les deux qui lui écherroient au sort le lendemain en séance publique, et que son adversaire, le citoyen Banon, pût aussi préparer ses objections ainsi qu'il avoit été précédamment convenu.

Les membres du Jury n'ayant plus aucun objet à traiter pour le jour, la séance a été levée et ajournée pour le lendemain dix heures du matin, à l'amphithéâtre d'anatomie de la Marine.

Séance extraordinaire et publique du 7 brumaire an IX

A dix heures et demie du matin de ce jour, les autorités civiles, militaires, administratives de terre et de marine et judiciaires, et les membres du Jury, ainsi qu'il avoit été convenu, et d'après les invitations expresses, réunies dans l'amphithéâtre d'anatomie de la Marine, la séance a été ouverte par la lecture du mode du concours adopté et précité. Aussitôt le citoyen Bonnet, l'un des candidats qui dès la veille avoit déclaré se désister de ses prétentions sur la chaire de chimie et physique expérimentale, ayant annoncé vouloir revenir de son opinion en se remettant sur les rangs pour le concours de la ditte chaire, le Jury délibérant à l'instant sur cette proposition inattendue a annoncé l'accepter, et de suite le concours ouvert, il y a été procédé ainsi qu'il suit :

Au même instant les trois candidats appellés au Bureau, deux d'entr'eux, les citoyens Banon et Bonnet, ont présenté dans une urne au citoyen Humbert, le plus ancien d'âge, les trois questions de chimie arrêtées dès la veille et déjà citées. Le sort lui ayant donné la deuxième, qui est celle de *déterminer les differens degrés de combinaison du souffre et de l'antimoine*, il a de suite pris la parole et a discouru pendant une heure de tems sur cette même question, à la suite de laquelle, ainsi qu'il avoit été arrêté et fixé par le Jury, les deux autres concurrens lui ont chacun formé une objection y relative.

Le terme et le tems de ces objections ayant été parcourus les trois questions de physique arrêtées de la veille par le jury ont été de nouveau et ostensiblement déposées dans une urne, et présentées, ainsi qu'on l'avoit pratiqué pour celles de chimie, au citoyen Humbert par ses deux concurrens. Le sort lui ayant donné la *théorie des leviers*, il a repris la parole et a discouru pendant une demie heure sur cette nouvelle matière, à la suite de laquelle le citoyen Banon lui a formé son objection. Le citoyen Bonnet ayant déclaré, pour son compte, n'avoir rien de plus à objecter, et l'heure tardant la séance a été ajournée pour quatre heures de relevée.

Cette dernière heure advenant, les autorités précitées et le jury de nouveau réunis il a été donné lecture et communication publique des six questions ci-après, pour que le citoyen Banon, plus âgé que le 3° candidat, le citoyen Bonnet, eût, ainsi que l'avoit pratiqué le citoyen Humbert, à se préparer pour le lendemain dix heures du matin sur toutes et faire deux préleçons sur les deux qui pourroient lui écheoir par le sort, et que les deux autres candidats pussent aussi préparer leurs objections respectives.

CHIMIE

1re question. — *Déterminer généralement les points de contact de la chimie ancienne avec ceux de la chimie moderne, tant dans la théorie que dans la pratique.*

2e question. — *Donner la théorie de l'animalisation et sa différence avec celle de la végétation.*

3e question. — *Donner la théorie sur l'analyse des eaux minérales et leur classification.*

PHYSIQUE

1re question. — *D'après les propriétés déjà connues des fluides magnétique, galvanique et électrique, doit-on admettre qu'il existe ou qu'il n'existe pas de différence entr'eux ?*

2e question. — *Les lois générales de l'hydraulique.*

3e question. — *La théorie des vents.*

Après la lecture et communication de ces questions, dont les candidats ont pris copie, celles de pratique ou d'expériance manuelle ont été posées dans l'urne et présentées ainsi qu'il avoit été pratiqué ce matin au citoyen Humbert.

1re question. — *Composer l'ether muriatique.*

2e question. — *L'inflammation du gaz hydrogène par l'étincelle électrique.*

3e question. — *La décomposition du fer par le moyen du tube de fer.*

La première de ces questions est échue au sort. Le candidat Humbert a de suite pris la parole, a discouru pendant une heure en expliquant démonstrativement les appareils y relatifs.

Vu que l'heure tardoit, et que le candidat avoit d'ailleurs terminé cette leçon, la séance a été levée et ajournée au huit courant à dix heures du matin pour entendre le deuxième candidat, le citoyen Banon.

Séance du huit brumaire an IX

Dès dix heures du matin, toutes les autorités et les membres du jury d'instruction de nouveau réunis comme la veille, dans l'amphithéâtre d'anatomie de la marine, les candidats Humbert et Bonnet ont présenté au citoyen Banon l'urne renfermant les trois questions précitées dans la dernière séance. Celle échue par le sort, qui étoit de *déterminer généralement les points de contact de la chimie ancienne et ceux de la chimie moderne*, a été celle sur laquelle le concurrent Banon a de suite pris la parole et a discouru pendant vingt minutes, après lesquelles ayant annoncé que n'ayant plus rien à ajouter, le jury a donné la parole au citoyen Humbert, pour qu'il eût à former son objection, lequel ayant déclaré n'en avoir aucune à faire, la parole a été de suite posée au citoyen Bonnet qui a formé la sienne, et sur laquelle ils ont discouru avec le concurrent Banon pendant un quart d'heure.

Ayant annoncé l'un et l'autre n'avoir plus rien à ajouter, les trois questions de physique expérimentale énoncées dans la séance de la veille et posées ainsi que les précédentes dans l'urne, ont été de nouveau présentées au candidat du jour, qui a pris la parole sur les *lois générales de l'hydraulique*, qui est celle des trois questions à lui échue par le sort.

Ayant terminé sa préleçon sur cette question dans l'espace de quinze minutes, le citoyen Humbert lui a répliqué par une question en forme d'objection ; le citoyen Bonnet ayant, après lui, déclaré n'avoir rien à ajouter, le jury a fermé la séance du matin en l'ajournant pour quatre heures de relevée.

Cette dernière heure advenue, les autorités et le jury de nouveau réunis en séance publique, elle a été ouverte par la lecture des trois questions de chimie et des trois de physique expérimentale dont les trois candidats ont pris connoissance et communication écrite, pour que le citoyen Bonnet eût à se préparer pour le lendemain, ainsi qu'il avoit été pratiqué pour les autres, à traiter les deux que le sort pourroit lui assigner et que les citoyens Humbert et Banon pussent à leur tour former leur objection.

Voici les questions proposées par le jury :

CHIMIE

1" question. — *La théorie des savons, les moyens de connaître leur falsification.*

2° question. — *La théorie respective du tannage ancien et moderne, en assignant la différence entre le tannin et l'acide gallique.*

3° question. — *La purification des eaux bourbeuses.*

PHYSIQUE

1re question. — *Le galvanisme en général.*

2° question. — *La théorie de l'aimant, tant artificiel que naturel, et son application aux arts.*

3° question. — *Existe-t-il une différence entre le calorique et la lumière ; donner les faits à l'appui pour ou contre.*

Aussitôt après les membres du jury ont proposé pour questions démonstratives de chimie et de physique expérimentale au citoyen Banon :

1re question. — *Composer l'ether muriatique par l'acide muriatique oxigéné.*

2° question. — *Accélération du mouvement des fluides par l'électricité.*

De suite le citoyen Banon, après avoir disposé l'appareil électrique, a discouru sur la dernière de ces questions, et comme l'heure tardoit et qu'il lui étoit impossible de se procurer pour le moment les vaisseaux convenables pour composer l'ether muriatique, il a démontré les détails de cette question en annonçant pour demain la démonstration et confection de l'appareil. Le jury a annoncé la séance pour le lendemain à dix heures du matin.

Séance du neuf brumaire an IX

Le neuf brumaire an IX, toutes les autorités et les membres du jury d'instruction, toujours réunis au même local, la séance ouverte, le citoyen Banon a terminé la démonstration de l'appareil convenable pour composer l'ether muriatique oxigéné. Après la ditte démonstration, les candidats Humbert et Banon ont présenté au concurrent du jour, le citoyen Bonnet, l'urne renfermant les trois questions de chimie précitées et annoncées dans la séance précédente. Le sort ayant assigné celle relative à la purification des eaux bourbeuses, le citoyen Bonnet a discouru sur cette question pendant dix minutes après lesquelles ayant annoncé n'avoir plus rien à ajouter, la parole a été passée au citoyen Humbert qui a déclaré à son tour n'avoir aucune objection à former. Le citoyen Banon a formulé la sienne, sur laquelle il a discouru pendant deux minutes.

Sur les trois questions de physique expérimentale, le sort a amené celle qui consistoit a prouver s'il existoit une différence entre le calorique et la lumière. Comme après quelques paroles, le citoyen Bonnet a annoncé ne pouvoir poursuivre (1), le jury a ajourné la séance pour quatre heures de relevée.

Séance du onze brumaire an IX

...Les membres du jury se sont rendus dans l'amphithéâtre d'anatomie de la marine où déjà étaient rendues

---

(1) Note. — Le candidat se désiste pour la partie expérimentale de l'examen.

les autorités et un très grand nombre de spectateurs.

Ils ont choisi, séance tenante, pour la composition écrite des deux concurrens restants, les citoyens Humbert et Banon, les quatre questions suivantes :

1re question. — *Histoire chimique du cuivre et son application aux arts.*

2e question. — *L'exposition du système de Copernic.*

3e question. — *Histoire chimique du fer et son application aux arts.*

4e question. — *Exposer les lois physiques de la lumière.*

Les quatre questions agitées dans l'urne ont été présentées aux dits candidats, les deux premières leur étant échues par le sort, ils se sont de suite retirés dans un cabinet, suivis de deux membres du jury pour se livrer à leurs compositions, toujours en présence des dits membres, lesquelles terminées, après cinq heures de travail et sans être mises au net, ont été de suite fermées sous le cachet des dits commissaires pour le lende_ main être livrées au jugement du jury réuni.

Séance du douze brumaire

Le jury réuni en présence du citoyen Senès, sous-préfet de l'arrondissement, les citoyens Becquerel et Giraud St Rome ont déposé sur le Bureau les compositions précitées dont ils étaient dépositaires.

Le cachet qui les renfermait rompu, il en a été donné lecture pendant plusieurs heures. La séance a été ensuite levée et ajournée au lendemain pour procéder, d'après l'examen des plans de cours des deux candidats, de leurs tittres littéraires et de bonnes mœurs et conduite, au recueillement des voix, et proposer au citoyen Fauchet celui des concurrens qui devrait occuper la chaire de chimie et de physique expérimentale.

Séance du treize brumaire

Le treize brumaire, les membres du jury réunis, il a été procédé à l'examen successif et détaillé des plans de cours ou programmes de chimie et de physique expérimentale, déposés sur le Bureau, au nom et pour les candidats Humbert et Banon. Après le dit examen, qui joint à la discution y faisant suite a occupé le jury pendant deux heures, on a procédé de suite à la vérification des titres littéraires et certificats de bonne conduite et mœurs.

Aussitôt après, la discution ouverte et mûrie sur le jugement et le prononcé qu'avoit à porter le jury pour le choix du professeur de chimie et de physique expérimentale, il a été unanimement déclaré :

1° Que les deux candidats avoient développé autant dans leurs préleçons, démonstrations et expériences, que dans leurs compositions écrites et leurs plans de cours ou programmes, beaucoup de talens, de connaissances et d'aptitude.

2° Que le citoyen Humbert ayant montré plus de moyens, étant plus expérimenté et déjà versé dans cette partie de l'enseignement, muni en outre des titres authentiques qui prouvent son ancien service et attestent la confiance que le gouvernement leur a accordé à plusieurs époques, seroit proposé au citoyen Fauchet, préfet du département du Var, pour professeur définitif de la chaire de chimie et physique expérimentale.

3° Qu'extrait *parte in qua* du dit verbal pour tout ce qui est relatif au citoyen Banon, élève en pharmacie de la Marine, seroit adressé par le jury aux chefs de la Marine en ce port et au citoyen Coulomb, médecin inspecteur de ce même service à Paris, pour que le dit Banon pût en retirer l'avantage que tout citoyen qui, comme lui, cultive avec succès et d'une manière distinguée les arts et les sciences, a droit d'attendre d'un gouvernement aussi éclairé que celui sous lequel nous vivons. (1)

Signé : Crespin, Becquerel, Courtès,
Giraud St Rome, Cavellier.

Le concours de physique et de chimie était à peine terminé, le 14 brumaire, qu'il fut procédé à celui de la chaire d'histoire naturelle. Il fut fort mouvementé et donna lieu à des réclamations de la part du seul candidat, le citoyen Bonnet, qui accusa ouvertement le jury d'indiscrétion et de malveillance (2) et finalement se retira

---

(1) Arch. départementales.

(2) Aux membres composant le jury de l'Ecole Centrale du Var, le citoyen Bonnet, officier de santé.

Citoyens,

Le caractère radical des membres qui composent un juri c'est l'impartialité. Ils doivent, en outre, par une inflexibilité à toute épreuve, résister aux intrigues ; et ne consultant que leur conscience, attendre dans le calme le moment fixé par la loi pour prononcer leur opinion sur le mérite des candidats aux chaires vacantes.

avant la fin des épreuves.(1) Le préfet fut mis au courant

> Cependant j'ai la preuve acquise que des membres du juri actuel ont émis une opinion défavorable sur mon compte en plein caffé. Il est également vrai qu'ils s'étoient prononcés de la sorte avant même que j'eusse commencé les actes de l'examen.
> Dans cette position je me vois forcé à protester, et à me retirer provisoirement, me réservant de prendre les moyens convenables pour me faire juger par un juri qui n'écoutera que la voix de sa conscience.
> En attendant je réclame toutes les pièces que j'ai remises au juri.
> Salut et respect.
> BONNET.
> Toulon, le 24 brumaire an 9°.
>
> (1)   *Séance du 24 brumaire an 9*
> Dès dix heures du matin de ce même jour, les commissaires membres du jury, réunis dans le cabinet de la veille pour y être témoins de la composition écrite du candidat sur la deuxième question, après une heure d'attente, ont reçu des mains du dit candidat, au lieu de la deuxième composition, une lettre à l'adresse du jury, pour être lue en présence de tous les membres qui le composent : aussitôt les deux commissaires ont convoqué à cet effet leurs collègues pour quatre heures du soir et se sont dissous en s'ajournant eux mêmes pour cette heure. Laquelle advenant, et les membres du jury tous réunis, il a été fait lecture de la susditte lettre, après laquelle le jury pénétré d'indignation s'est contenté de la vouer au mépris, en délibérant d'en joindre copie à la suite de l'extrait du présent verbal adressé au citoyen Fauchet, préfet du département.
> Le jury a aussitôt après procédé à l'ouverture du paquet contenant la composition de la veille du dit candidat, qui lui a été remise par ses deux commissaires. Cette nouvelle pièce lue et jugée, il a été arrêté qu'il en seroit encore joint copie littérale.
> Le jury procédant ensuite au recueillement des voix pour son prononcé sur celles des épreuves commencées et sur la renonciation consignée dans la dernière lettre du candidat a unanimement déclaré la chaire d'histoire naturelle près l'Ecole Centrale du Var, vacante....
> GIRAUD St ROME, CAVELLIER, COURTÈS, BECQUEREL, LECLERC.

de ce grave incident en recevant le procès-verbal de ce concours inopinément interrompu presque au moment de la clôture. (1)

Le jury d'instruction était un rouage, une sorte de comité de direction et de patronage qui aurait pu rendre de grands services et assurer le succès de la nouvelle institution scolaire, si l'on avait poursuivi jusqu'à épreuve décisive l'essai des Ecoles Centrales avec les améliorations successives dictées par l'expérience, et le développement de l'enseignement élémentaire qui devait leur servir de base, au lieu de revenir si brusquement par la reconstitution des collèges et des écoles secondaires aux errements de l'ancien régime.

Les membres du jury étaient, quoi qu'on ait pu avancer sans chercher à le prouver, des hommes instruits et qui prenaient leur rôle au sérieux, comme en témoignent ces

---

(1)   Toulon, le 26 brumaire an 9 républicain.
Les membres du jury d'instruction au citoyen Fauchet, préfet du département du Var.
Citoyen préfet,
Aussitôt après la clôture du concours ou examen pour la chaire d'histoire naturelle, nous vous transmettons copie des verbaux des différentes séances qui y sont relatives; nous eussions désiré être plus heureux dans le résultat de nos recherches et épreuves, mais notre conscience et impartialité nous ont imposé la loi de prononcer la vacance de la ditte chaire, pour qu'elle pût être remise au concours. Nous pensons qu'il faudrait renvoyer à trois mois, au moins, l'époque de ce concours pour avoir la facilité d'attirer, par la publicité, le plus grand nombre de concurrens possible.
Veuillez agréer, citoyen Préfet, avec l'assurance de notre estime particulière, celle de notre considération.
       Signé : GIRAUD St ROME, CAVELLIER, COURTÈS, LECLERC, BECQUEREL.
(Archives départementales).

concours pour les chaires d'enseignement que nous avons rapportés ainsi que les examens périodiques des élèves, écrits et oraux, que nous fait connaître, parmi bien d'autres documents, le procès-verbal des opérarations du second trimestre de l'an IX.

PROCÉS-VERBAL D'EXAMEN

DES ÉLÈVES DE L'ECOLE CENTRALE DU VAR

POUR LE SECOND TRIMESTRE DE L'AN IX

Ce jourdhuy, premier floréal an IX, en suite à l'assignation donnée par écrit au directoire des professeurs de l'école centrale, le 21 germinal dernier et conformément à l'article 10 du règlement, les citoyens Cavellier, Courtès et Vallavieille, Membres du jury d'Instruction centrale du Var, se sont rendus à dix heures du matin dans la salle destinée à l'enseignement du dessein où ils ont trouvé le Conseil des professeurs assemblé, ainsi que les élèves de tous les cours, les citoyens Cathala et Brun, que le jury avait invités par écrit de se joindre à lui pour juger les ouvrages qui seraient présentés par les élèves du dessein.

Le citoyen Julien, professeur de cet enseignement, a

présenté au jury vingt-deux élèves, desquels un de la première classe, deux de la seconde, cinq de la troisième, six de la quatrième, quatre de la cinquième et quatre de la sixième, plus vingt autres qui en sont encore aux principes, cinq des élèves qui suivent le même cours dans les six classes ne s'étant point présentés à l'examen.

Tous les élèves des six classes présents ont montré au jury les ouvrages qu'ils ont exécuté pendant le second trimestre, lesquels examinés attentivement par le jury, les professeurs et les citoyens Cathala et Brun pour ce adjoints ;

Le jury a arrêté que tous les élèves des six classes du dessein méritaient des éloges par les progrès rapides qu'ils ont fait pendant le dernier trimestre.

Que le citoyen Charles Martin, élève de la première classe, mérite des éloges distingués par ses talents, la douceur de son caractère, son application et ses progrès; que deux des ouvrages par lui exécutés représentant l'un un païsage au craïon noir, l'autre une tête aux trois craïons à l'*estombe*, seront envoyés au citoyen préfet avec une inscription honnorable en faveur de cet élève, et que le jury adressera au citoyen Martin père une lettre de félicitation sur la continuation du progrès et de la bonne conduite de son fils, réitérative de celle que le jury avait adressé après l'examen du premier trimestre de cette année.

Que l'ouvrage présenté par le citoyen Alexandre Bouillon, élève de la seconde classe, représentant le *Repos du Vieillard*, au craïon rouge, sera adressé au citoyen préfet avec une apostille honnorable en faveur de cet élève ; qu'il mérite des éloges distingués par son assiduité, sa sagesse et ses progrès, et qu'il serait susceptible d'obtenir une lettre de félicitation pour le citoyen Bouillon son père si son application et ses progrès aux matémathiques avaient mieux secondé les bonnes dispositions qui lui sont naturelles pour cette science.

Que le citoyen Jean-Baptiste Liautaud, élève de la seconde classe, mérite des éloges distingués pour son application et sa sagesse et que l'ouvrage par lui exécuté sera adressé au citoyen préfet avec une apostille honnorable.

Que les citoyens Bernard Sénéquier et Louis Laure, élèves de la troisième classe, méritent des éloges distingués tant par les progrès rapides qu'ils ont fait dans ce trimestre, que par leur sagesse et leur assiduité : que l'ouvrage de chacun d'eux sera adressé au citoyen préfet avec une apostille honnorable, et qu'il sera écrit une lettre de félicitation aux citoyens Sénéquier et Laure pères sur la bonne conduite de leurs fils, qui par leur zèle et leurs progrès ont mérité d'être portés à la seconde classe.

Que les ouvrages présentés par les citoyens Auguste François Julien, Amant Courtès, élèves de la quatrième classe, Grégoire Gardanne, Antoine Jure, élèves de la cinquième classe, et Zenon Pons, élève de la sixième classe, seront adressés au citoyen Préfet avec une apostille honnorable, et que ces cinq élèves ont mérité des éloges particuliers par leur assiduité et leurs progrès pendant ce trimestre.

Le jury a déclaré que les citoyens Ciprien Ribergue, élève de la seconde classe, Ciprien Guirand et Maurice Imbert, élèves de la troisième classe, Joseph Rossolin de la cinquième et Louis Loyer de la sixième, ont encouru la censure du jury pour n'avoir pas assisté à l'examen, et avoir par là témoigné de la méfiance sur son impartialité et son indulgence paternelle.

Le jury a regretté d'avoir été dans le cas de censurer les citoyens Ribergue, Imbert et Rossolin qui par leur application et leurs progrès étaient susceptibles d'éloges et les invite à être plus confiants à l'avenir et à continuer leurs cours de dessein avec le même zèle que par le passé ; il invite les citoyens Guirand et Loyer, qui ont justement mérité la censure par la négligence qu'ils apportent à leur travail, d'être plus appliqués et à ne pas s'absenter aussi souvent qu'ils le font.

La séance a été levée à midi, le jury a ajourné au lendemain à dix heures du matin l'examen des élèves qui suivent les cours des langues anciennes.

Séance du deux floréal an IX

Ce jourdhuy deux floréal an IX, en suite de l'ajournement prononcé dans le procès-verbal du jour d'hier, les membres du jury se sont rendus à dix heures du matin dans la salle de l'enseignement des langues anciennes où se trouvaient assemblés le Conseil des Professeurs et les élèves de tous les cours de l'école centrale.

Le citoyen André, professeur de ce cours, a présenté au jury les compositions des cinq élèves en grec et en latin ; celles des citoyens Turc, Sénès et Gensollen ont été jugées les meilleures, quoique n'ayant pas des tournures bien françaises, ce qui ne peut être imputé qu'à l'habitude qu'ils ont contracté de parler le patois.

L'examen fini, le jury ayant consulté les notes décadaires que le citoyen André lui a régulièrement transmis pendant tout le trimestre sur l'application ou la négligence de ses élèves, a arrêté que les citoyens Turc, Sénès, Gensollen et Pons méritent des éloges ; que la composition des trois premiers sera adressée au citoyen Préfet avec des apostilles honorables, et que le citoyen Joseph Giraudy, cinquième élève de ce cours, avait encouru la censure du jury pour avoir très mal répondu aux questions qui lui ont été faites, et pour avoir négligé ses devoirs pendant tout le trimestre, tandis qu'il a des dispositions pour bien faire.

La séance a été levée à midi et demi et ajournée au lendemain à dix heures du matin pour être occupée par l'examen des élèves qui suivent le cours des Mathématiques.

Séance du 3 floréal an IX

Ce jourdhuy trois floréal an neuf, en suite de l'ajournement donné hier à la levée de la séance, les membres du jury d'instruction se sont rendus à dix heures du matin à la salle destinée à l'enseignement des mathématiques ; ils y ont trouvé le conseil des Professeurs et les élèves de tous les cours.

La séance ouverte, le citoyen Suzanne, professeur de mathématiques, a présenté au Jury la composition de onze élèves sur une question d'arithmétique, lesquelles ayant été examinées, il a été décidé que celle du citoyen Jean-Baptiste Lieutaud était la meilleure.

Six de ces élèves ont ensuite été successivement interrogés sur la formation des nombres quarrés et des nombres cubes et l'extraction de leur racine, sur les raisons, proportions et progressions et sur les logarithmes, leurs propriétés et leur usage. Ils ont tous répondu avec succès.

Le jury ayant consulté les notes qui lui ont été remises par le citoyen Suzanne sur la conduite, les talens et l'application de chacun de ses élèves, a arrêté que le citoyen Jean-Baptiste Lieutaud mérite des éloges distingués par son application, ses talens et son goût pour les sciences, que sa composition sera adressée au citoyen Préfet avec une apostille honnorable et qu'il sera remis à cet élève une lettre de félicitation pour le Cit. Lieutaud son père.

Que le citoyen Rossolin mérite des éloges particuliers pour son amour pour le travail et le désir qu'il a de s'instruire.

Que le citoyen Esmieu aîné mérite des éloges distingués par la régularité de sa conduite, son application et ses succès, qu'il sera adressé une lettre de félicitation à ce sujet à Mme Esmieu sa mère.

Que le citoyen Favel mérite des éloges particuliers par son exactitude à remplir ses devoirs et la justesse avec laquelle il rend compte de ses leçons.

Que les citoyens Arène et Gouhot méritent aussi des éloges particuliers par leur amour pour l'étude et le bon emploi qu'ils font du tems que leur laisse le service militaire auquel ils sont soumis en qualité d'aspirants canonniers de la Marine.

Le jury a prononcé la levée de la séance à midi et demi et l'a ajournée à demain 4 du courant pour y être continué l'examen des Mathématiques.

Séance du 4 floréal an IX

Ce jourdhuy 4 floréal, an neuf, le jury en suite de son ajournement du jour d'hier s'est rendu à dix heures du matin dans la même salle que la veille où il a trouvé le Conseil des Professeurs et les élèves de tous les cours assemblés ;

La séance ouverte, le jury a interrogé successivement trois élèves qui ont bien répondu sur les fractions, les divisions en nombres complexes et sur la formation des nombres cubes et l'extraction de leur racine, les deux autres élèves ne s'étant pas présentés à l'examen.

Le jury après avoir examiné les notes particulières données par le C^n Suzanne sur la conduite de ces trois élèves, a arrêté que le C^n Rose mérite des éloges, mais qu'il sera invité d'apporter plus de zèle au travail pour seconder ses dispositions naturelles ;

Que le C^n Martinenq mérite également des éloges par son zèle et son application, qu'il sera invité de se familiariser d'avantage avec la langue française, sans la connaissance de laquelle il ne peut faire des progrès proportionnés à sa bonne volonté ;

Que le C^n Vallavieille sera invité à persévérer dans le désir qu'il montre quelque fois de s'instruire et d'employer à l'étude et au travail le tems qu'il perd en occupations oiseuses, inutiles à son éducation et au-dessous de son âge ;

Que le C^n Martel a encouru la censure du jury pour n'avoir pas assisté à l'examen, et qu'il sera invité à reprendre la bonne volonté qu'il avait pour le travail qu'il néglige depuis quelque tems, et de seconder par une plus grande application la facilité qu'il a pour apprendre.

Que le Cⁿ Alexandre Bouillon a encouru la censure du jury pour n'avoir pas assisté à l'examen et qu'il sera invité à être plus appliqué, plus constant au travail et seconder par là les dispositions qui lui sont naturelles.

La séance a été terminée par différentes questions sur les principes de la Géométrie auxquelles ont répondu avec succès les citoyens Lieutaud et Rossolin qui avaient répondu la veille sur des questions d'arithmétique.

Le jury a prononcé la levée de la séance à midi et demi et l'a ajournée au six du courant attendu que d'après la loi et le règlement les écoles doivent vaquer le quintidi.

Séance du 6 Floréal an IX

Ce jourdhuy six floréal an neuf le jury s'est rendu à dix heures du matin dans la salle servant à l'enseignement des Mathématiques, le conseil des professeurs et les élèves de tous les cours s'y trouvant réunis la séance a été ouverte.

Le citoyen Suzanne a présenté au jury les compositions du Cⁿ Pierre Barthélemy sur trois questions, l'une de géométrie, et deux de trigonométrie, lesquelles compositions examinées, le jury a prononcé que cet élève avait très bien défini les questions qu'il a traité.

Il a été ensuite interrogé sur la géométrie par Le Gendre. L'exactitude et la facilité avec laquelle il a répondu et démontré pendant deux heures ont pleinement satisfait le jury qui après avoir consulté les notes que lui a remis le Cⁿ Suzanne sur cet élève a arrêté que les trois compositions du Cⁿ Barthélemy seront adressées au Citoyen Préfet avec une apostille honorable ; que cet élève mérite les éloges les plus distingués et qu'il lui sera remis par le jury une lettre de félicitation pour le Cⁿ Barthélemy, son père, sur les talens, les succès et l'application soutenue de son fils, réitérative de celle qui lui avait été adressée après l'examen du 1ᵉʳ trimestre.

Le jury a levé la séance à midi et demi et a ajourné la continuation de l'examen des élèves qui suivent le cours des mathématiques au lendemain 7 du courant, à dix heures du matin.

Séance du sept floréal an IX

Ce jourdhuy sept floréal, an IX, le jury d'instruction publique conformément à son ajournement de la veille, s'est rendu à dix heures du matin dans la salle des mathématiques où il a trouvé assemblés le Conseil des Professeurs et les élèves de tous les cours.

Le citoyen Suzanne a présenté la composition d'un élève sur une question de statique qui après avoir été examinée a mérité des éloges distingués à son auteur le citoyen Bazoche.

Cet élève a été ensuite interrogé sur la statique ; il a répondu et démontré avec beaucoup de facilité et de précision.

Le jury, après avoir consulté les notes qui lui ont été remises par le citoyen Suzanne sur la conduite de cet élève, a arrêté que le citoyen Charles Joseph Bazoche mérite des éloges distingués par son amour pour l'étude la douceur de son caractère, sa bonne conduite et ses progrès ; que sa composition sera adressée au citoyen préfet avec une apostille honnorable, et qu'il lui sera remis par le jury une lettre de félicitation adressée à Madame Bazoche sa mère.

Le citoyen Suzanne a ensuite présenté la composition individuelle des citoyens Alexandre Estelle, Esmieu cadet et Negrin sur une question d'application de la trigonométrie sphérique à l'astronomie et sur l'algèbre ; ils ont répondu et démontré tous deux avec succès.

Le jury ayant consulté les notes que lui a remis le citoyen Suzanne sur la conduite de ces élèves pendant ce trimestre, a arrêté que le citoyen Esmieu cadet mérite des éloges particuliers et que sa composition sera adressée au citoyen Préfet avec une apostille honnorable et qu'il sera invité de seconder par plus de zèle les heureuses dispositions desquelles il est doué.

Que le citoyen Alexandre Estelle, qui s'est distingué pendant le premier trimestre et à qui le jury avait accordé une lettre de félicitation pour Madame Estelle, sa mère, sera privé d'éloges pour s'être beaucoup négligé dans ce dernier trimestre et sera invité de réparer par plus d'activité le tems qu'il a perdu par la tiédeur qu'il a apporté au travail.

Que le citoyen Negrin a encouru la censure du jury pour n'avoir pas assisté à l'examen et sera invité de seconder par plus d'application et de zèle la facilité d'apprendre qui lui est naturelle.

La séance a été levée à midi et ajournée au lendemain huit pour être occupée par l'examen des élèves qui suivent les cours de la chimie et physique.

Séance du huit floréal an IX

Ce jourdhuy huit floréal an IX, à dix heures du matin, en suite de l'ajournement prononcé hier à la levée de la séance, les membres du jury d'instruction publique s'étant rendus à l'une des salles de l'école centrale, y ont trouvé le Conseil des Professeurs et les élèves de tous les cours assemblés.

Les citoyens Becquerel, pharmacien en chef de la marine, et Bailli, médecin à l'Hopital militaire, invités par écrit de s'adjoindre au jury pour l'examen des élèves qui suivent le cours de chimie, s'étant rendus,

Le citoyen Humbert, professeur de chimie et de physique, a présenté au jury deux élèves et a observé que deux autres étaient malades et ne pouvaient se rendre à l'examen.

Il a présenté en même temps la composition écrite de trois élèves sur une question de chimie, lesquels ayant été examinés par le jury et ses adjoints, les citoyens Becquerel et Bailli, il a été décidé que le citoyen Joseph Rossolin était celui des trois qui avait le mieux satisfait à la question.

Les citoyens Rossolin et Fournier ont été successivement interrogés sur l'hydrogène et toutes ses combinaisons, l'acidification en général et sur l'antimoine, ses usages, ses propriétés et sa dissolubilité dans les acides sulfuriques, nitriques et muriatiques.

Ces deux élèves ont répondu avec succès sur toutes les questions qui leur ont été posées.

Le jury après avoir consulté les notes que lui a remis

le citoyen Humbert sur la conduite et l'application de ces élèves;.

A arrêté que les deux élèves qui ont été examinés suivant le cours de chimie méritent des éloges et que le citoyen Rossolin, l'un d'eux qui a le mieux composé, en mérite de particuliers et que sa composition sera envoyée au citoyen Préfet avec une apostille honnorable.

Le jury en levant la séance a renvoyé à demain l'examen des belles lettres.

Séance du neuf floréal an IX

Ce jourd'hui neuf floréal, an IX, en suite du prononcé à la clôture du procès-verbal, les membres du jury de l'instruction publique s'étant rendus à l'une des salles de l'école centrale, y ont trouvé le Conseil des professeurs et les élèves de tous les cours assemblés.

Le citoyen Martelot, professeur de belles lettres, a présenté au jury pour être examinés les citoyens Gensollen, Cazeaux, Venissat et Roux. Diverses questions sur la prose ont d'abord été faites aux citoyens Gensollen et Cazeaux, sur le discours en général, sur les genres démonstratif, délibératif et judiciaire ; auxquelles questions ces deux élèves ont très bien répondu ; le jury a ensuite examiné divers ouvrages de la composition de ces deux citoyens desquels il a été satisfait.

Les citoyens Venissat et Roux ont ensuite été interrogés sur les poëmes didactiques, la satyre, l'épitre, la poësie lyrique, la cantate. l'élégie et l'héroïde ; ils ont répondu avec succès sur toutes les questions qui leur ont été faites, et ont ensuite présenté au jury diverses pièces de leur composition, qui ont été lues avec plaisir.

Le jury après avoir consulté les notes présentées par le citoyen Martelot sur la conduite et l'application de ces élèves, a arrêté qu'ils méritent tous les quatre des éloges particuliers tant par leur composition que par leurs réponses, leur assiduité et leur application ; qu'une composition de chacun de ces élèves sera adressée au citoyen Préfet avec une apostille honnorable ; que les citoyens Roux et Venissat seront invités d'apporter plus d'ardeur au travail et le citoyen Cazeaux plus de bonne volonté.

L'examen de tous les cours étant fini, le jury a arrêté qu'expédition du présent procès-verbal sera adressée au citoyen Préfet du département du Var et que lecture en sera faite en présence de tous les élèves qui seront pour ce assemblés le 21 du courant à dix heures du matin dans l'une des salles de l'Ecole Centrale.

Fait et arrêté le 6 floréal an 9 de la République française une et indivisible.

Signé : CAVELLIER, COURTÈS, VALAVIEILLE.

Les membres du jury en adressant au préfet (1) les

---

(1)   Toulon, 21 floréal an 9° de la République.

Citoyen Préfet,

Nous avons l'honneur de vous transmettre ci-joint un double original du procès-verbal d'examen des élèves de l'Ecole Centrale auquel nous avons procédé le second trimestre de l'an 9.

résultats de l'examen trimestriel y joignirent quelques compositions d'élèves que nous croyons intéressant de publier, à un siècle de date :

En conformité de la demande que vous nous avés faite par votre lettre du deux ventôse dernier de vous faire parvenir quelques ouvrages des élèves, nous joignons à cet envoi les compositions de ceux qui s'en sont le mieux acquitté, avec des apostilles honnorables dictées par la plus sévère impartialité.

Ne pouvant vous joindre ici les compositions des élèves du dessein, nous vous les transmettrons par la voie de la diligence. Nous devons à la vérité de vous assurer que les élèves de ce cours ont fait, en général, des progrès extraordinaires dans ce dernier trimestre.

Nous devons la majeure partie de cette plus forte application des élèves au zèle paternel qu'apporte à ses leçons le citoyen Julien, professeur de dessein, et au désir que manifestent la plus grande partie des élèves de tous les cours d'obtenir des lettres de félicitation pour leurs parens.

Vous verrés par notre procès-verbal que nous en avons accordé aux sept élèves qui ont le mieux mérité par leur sagesse, leur application et leurs progrès.

Nous espérons avoir l'honneur de vous présenter à la fin de l'année ceux qui auront le mieux mérité, à l'effet qu'ils reçoivent de vous le prix dû aux plus sages et aux plus appliqués.

Nous vous présentons nos salutations respectueuses.

Signé : Vallavieille, Cavellier, Ruyter.

Arch. départementales.

Compositions du deuxième trimestre de l'An 9ᵉ

ANALYSE DE L'ÉLOGE DE TURENNE

PAR FLÉCHIER

Les paroles dont se sert l'Ecriture Sainte pour louer la vie et déplorer la mort du sage et du vaillant Machabée, fournissent à Fléchier le sujet de son exode.

Après un parallèle fort heureux entre ce guerrier et Turenne, il en vient à la division de son discours. Il annonce qu'il représentera d'abord Turenne triomphant des ennemis par sa valeur, ensuite des passions de l'âme par sa sagesse, et enfin, des erreurs et des vanités du siècle par sa piété.

Après avoir passé rapidement sur sa naissance et avoir annoncé qu'il était de la religion réformée, il entre dans le détail des belles actions de son héros...... Avant l'âge de quatorze ans, il commença de porter les armes. Les sièges et les combats furent les premiers amusements de sa jeunesse. Il apprit l'art de la guerre en qualité de simple soldat, et il ne se refusa jamais à aucune fatigue. Il se signala par son courage et sa prudence dans les fameuses actions de Turin, de Casal et de la route de Quiers ; il marcha ensuite aux Pyrénées pour assister à la conquête de deux importantes places. Il recueillit au delà du Rhin les débris d'une armée deffaite, s'empara de Trèves, d'Aschaffebourg, gagna les batailles de Fribourg, de Norlingue, et par des victoires multipliées, il força toute l'Allemagne à demander la paix de Munster.

Pendant que la France était plongée dans le désordre et dans le trouble, et qu'elle s'abandonnait à tous les dérèglements que causent dans un Etat des guerres civiles et intestines, Turenne à la tête des armées du roi, combat et dissipe la rébellion, ramène ceux que le mensonge avait séduits et rassure ceux que la crainte avait ébranlés. Tantôt sur les rives de la Loire, suivi d'un petit nombre de troupes, il court à la deffense du pont de Jargeau, et lui seul tient ferme contre une armée ; tantôt se servant de l'avantage des lieux, il arrête avec une poignée d'hommes une armée victorieuse ; tantôt enfin sur les bords de la Seine, il oblige un prince étranger de sortir de la France et d'abandonner les espérances qu'il avait conçues sur le royaume alors livré aux plus affreux désordres. Lui seul apaisa par sa conduite l'orage dont la France était agitée. Si la licence fut réprimée, si les loix reprirent leur vigueur, si le repos fut rétabli, c'est à lui que la France en fut redevable. Ici il force des retranchements et secourt une place assiégée ; là il surprend les ennemis, et les bat en pleine campagne.

Que de villes ne furent-elles pas défendues par sa vigilance ou conquises par sa valeur ! Il gagne tout à la fois la bataille des Dunes, prend la ville de Dunkerque et force le roi d'Espagne à demander la paix des Pyrennées. Que de trophées élevés à sa gloire sur les bords du Rhin ! Que de combats gagnés ! Que de rivières et de deffilés passés à la vue des ennemis ! par combien d'actions éclatantes ne rendit-il pas son nom immortel !...

Mais, dit Fléchier, je ne dois pas seulement parler de la valeur, de l'intrépidité de Mr de Turenne, je dois aussi parler de sa douceur, de sa modération, de sa modestie, de son humanité, et de toutes les autres vertus par lesquelles il se faisait chérir de tous ceux qui l'entouraient.

Pour prouver la douceur, la modestie, la modération, l'humanité de Mr de Turenne, il appelle en témoignage ceux qui vécûrent avec lui. Il rappelle comment ce grand homme se conduisait à l'égard des soldats, soit avant le combat, soit après la victoire. Il cite entre autres faits, la fameuse bataille des Dunes, où on le vit arracher les armes des mains des soldats acharnés sur les vaincus. Toute sa conduite prouve qu'il n'avait d'autre passion que la gloire, le désir de la paix et le zèle du bien public.

Sa patience et sa prévoyance étaient portées au plus haut point ; les fatigues n'étaient rien pour lui, et jamais les ennemis ne le surprirent.

Dans une guerre terrible que l'Allemagne fait à la France, tout, dit Fléchier, se déclare contre elle : on soulève les étrangers, on arme les envieux ; toute l'Allemagne s'avance vers nos frontières pour nous accabler par la force. Il fallait opposer à tant d'ennemis un homme d'un courage ferme, d'une capacité étendue, qui sçût ménager les forces du royaume et en soutenir la réputation. Il n'y avait que Turenne capable de cet effort. Aussi s'empressa-t-on de mettre entre ses mains le sort et les destinées de l'Etat. L'espérance de ses concitoyens ne fut pas trompée. Avec des troupes peu considérables, il arrête, il consume deux grandes armées et les force à conclure la paix.

Sa sagesse était la source de tant de succès. Elle répandait dans ses troupes un esprit de force, de courage et de confiance qui les rendait presque assurées de la victoire. Il s'attacha par l'amitié et le respect ceux qu'on ne retient ordinairement que par la crainte des supplices, et il s'attirait l'homâge de tous les cœurs par cette bonté qui lui était si naturelle, par cette justice, ce désintéressement qu'il mettait dans toutes ses actions.

Fléchier prouve le désintéressement de son héros par l'état frugal et honette qu'il avait choisi, tandis que chéri de son roi, au comble de la faveur, il eût pu tout obtenir et amasser des biens immenses. Rien n'égalait la modestie de ce grand homme. Emportait-il quelque avantage, dit l'orateur, ce n'était pas qu'il fût habile, mais l'ennemi s'était trompé ; rendait-il compte d'une bataille, il n'oubliait rien sinon que c'était lui qui l'avait gagnée. Il n'osait presque pas aborder le roi parce qu'il était obligé par respect de souffrir les éloges dont il l'honorait toujours.

La troisième partie dans laquelle Fléchier parle de la conversion de son héros, de ses vertus chrétiennes et de sa piété, est surtout remarquable par le superbe morceau dans lequel il rend compte de sa mort, et que l'on cite comme un chef-d'œuvre d'éloquence.

Il finit son discours par quelques réflexions sur la fragilité des choses humaines, et sur le peu d'importance qu'on doit y ajouter.

Par Zenon Gensollen, de la Guadeloupe.

Le citoyen Zenon Gensollen, âgé de 16 ans, élève de l'Ecole Centrale du Var, suivant les cours des langues anciennes et des belles-lettres, à qui appartient cette analyse, a mérité des éloges particuliers du jury et de ses professeurs par sa sagesse et son application.

Toulon le 9 floréal an 9° de la République française une et indivisible.

V.ALAVIEILLE, CAVELLIER.

PHYSIQUE ET CHIMIE

DU FEU

Du feu, sa division, son action sur les corps comme calorique et lumière. Théorie de la combustion proprement dite. Différens produits résultans de la combustion. Phénomènes de la combustion dite respiration. Qu'entend-on par le mot combustion ? Pourquoi les oxides métalliques agissent-ils comme poisons et non les métaux ?

On peut considérer le feu comme un corps embrasé dont les parties se désunissent et s'échappent sous différentes formes. Il produit de la clarté et de la chaleur, deux effets principaux du principe du feu qui lui font prendre divers noms suivant l'état sous lequel on le considère.

Quand il produit de la clarté on l'appelle lumière. La lumière est un fluide qui occupe l'espace compris entre nos organes visuels et les objets apparens, ce qui, suivant quelques physiciens, nous est transmis par les irradiations solaires. Quoi qu'il en soit, elle offre quelques propriétés que nous allons examiner, et son influence est si marquée sur les trois règnes, animal, végétal, minéral, qu'il est indispensable de s'en occuper.

La lumière a un mouvement si rapide qu'elle parcourt un espace de quatre vingt mille lieues par seconde.

On a rangé ce fluide parmi les corps de la nature et on a dit qu'il étoit pesant ; parceque ayant présenté à un rayon lumineux introduit par un trou fait au volet d'une fenêtre une lame de couteau, ce rayon s'est incliné vers la lame et s'est dévié de sa direction naturelle.

La lumière a été décomposée en sept rayons principaux par le célèbre Newton.

Les animaux privés de ce fluide bienfaisant ont une couleur blanchâtre, tels sont les vers de terre, etc. D'autres offrent des couleurs moins brillantes, tels sont les oiseaux de nuit, etc. Les végétaux privés de son influence ont encore une couleur blanchâtre, sont moins suaves, moins odorans, moins résineux, moins sapides ; aussi prive-t-on de la lumière les végétaux que l'on sert sur nos tables, qui sont étiolés et blancs. Les végétaux enfermés dans des serres s'inclinent tous vers l'ouverture par laquelle lui parvient ce fluide et semblent témoigner combien ce fluide leur est essentiel et utile.

Les minéraux, les oxides de mercure surtout, s'oxident, prennent une couleur plus foncée, tandis que ceux qui n'ont point le contact de la lumière conservent leur couleur primitive. Elle dégage aussi de quelques combinaisons chimiques l'air pur ou air vital. En effet, de l'acide muriatique oxigéné exposé au contact de la lumière, passe bientôt à l'état d'acide muriatique ordinaire, tandis que si on couvre le flacon qui le contient, si on le couvre de papier noir qui absorbe tous les rayons lumineux, on le conservera dans son premier état.

Le calorique est un fluide très rare, très subtil, éminemment élastique, répandu inégalement dans tous les corps, qui s'insinue, qui pénètre entre les molécules, qui les écarte infiniment ; enfin il fait passer tous les corps soumis à son action de l'état solide à l'état fluide; et de celui-ci à l'état aëriforme. Il contrebalance sans cesse les effets naturels de l'attraction qui tend à rapprocher, à réunir les molécules des corps les unes aux autres. Quand l'attraction domine, tout est solide ; quand c'est au contraire le calorique, tout est fluide ou même nons ne verrions les corps dans l'état fluide que dans un instant indivisible, et passeroient bientôt à l'état gazeux, si une troisième force, la pression de l'atmosphère ne mettoit un obstacle considérable à l'action de ces deux agens puissans et divers. Cette force est égale à la pression que faisoit éprouver aux corps une colonne de 28 pouces de mercure.

Tous les corps contiennent une plus ou moins grande quantité de calorique suivant que ce fluide a plus ou moins d'affinité avec eux.

On trouve le calorique sous deux états différens, dans un état de liberté ou dans un état de combinaison. Il se dégage le plus communément à la fois sous ces deux états.

Dans un état de liberté, il est sensible à nos organes, ses degrés peuvent être appréciés par les divers instrumens et constitue proprement dit la chaleur sensible et la chaleur libre ou thermométrique.

Lorsque touchant un corps chaud nous ressentons de la chaleur, le calorique se transporte du corps qui le contient en plus grande quantité à notre main et nous avons une sensation de chaleur. Nous avons au contraire un sentiment de froid lorsque touchant un corps qui contient moins de calorique que notre main, il se porte alors de notre main à ce corps.

La chaleur libre peut être appréciée par le thermomètre et autres instrumens. Le thermomètre dans ce cas ne désigne pas précisément la quantité de calorique répandu ou dégagé dans notre atmosphère, mais il indique seulement la quantité qu'il en a reçu comme étant au nombre des corps embians.

Le calorique dans un état de combinaison n'est point sensible ; il entre comme principe constituant des corps, est intimement combiné avec eux, perd enfin ses propriétés principales. Il produit alors ce qu'on nomme chaleur neutralisée latente ou cachée. La chaleur spécifique est la quantité particulière de calorique qui est combinée avec un corps, relativement à un autre corps auquel on le compare. Il est aussi quelquefois dans un état de simple mélange, comme dans l'eau réduite en vapeurs, dans les métaux sublimés. Son union avec ces corps est si peu intime que sitôt qu'il rencontre des corps avec lesquels il a plus d'affinité, il les quitte et s'unit avec les autres.

Les métaux et les liquides absorbent et retiennent du calorique jusqu'à ce qu'ils passent à l'état aëriforme ; les substances végétales et animales le conservent jusqu'au degré de la combustion.

La combustion n'est autre chose que la décomposition du gas oxigène. Un corps est dit combustible lorsqu'il a une affinité plus grande à s'unir avec l'oxigène que celui-ci n'en a à rester uni avec le calorique.

Dans toute combustion on observe quatre principes généraux. Nulle combustion ne peut avoir lieu sans le concours de l'air vital. Dans toute combustion l'air vital ou oxigène est absorbé. Les corps soumis à l'action de cet agent augmentent en pesanteur en raison de la quantité d'oxigène qui est absorbé. Dans toute combustion, l'air oxigène est décomposé et il y a dégagement de chaleur, de lumière et fixation de l'oxigène qui est pour ainsi dire concret sur le corps que l'on fait bruler.

La combustion d'un morceau de bois par exemple n'a lieu qu'en raison des affinités. L'air atmosphérique est décomposé, l'azote se dégage, le gas oxigène ayant plus d'affinité à s'unir avec le corps combustible qu'à rester uni avec le calorique, quitte celui-ci. Sa base (l'oxigène) se porte sur le bois, le calorique et la lumière se dégagent.

Le bois est formé d'eau, de carbone, de terre et de sels. L'eau se décompose, son oxigène s'unissant avec le carbone forme de l'acide carbonique qui se dégage sous forme gazeuze ; l'hydrogène combiné avec le calorique et uni avec une portion d'oxigène, s'enflamme, brule et produit la flamme que nous appercevons ; une portion de l'hydrogène s'unissant avec de l'azote dégagé, forme de l'ammoniaque ; enfin une petite portion de l'oxigène atmosphérique non décomposé s'unissant avec de l'hydrogène forme de l'eau. Le résultat de cette combustion n'est qu'une substance terreuse, que nous nommons cendres, qui est elle-même composée de terre et de sel. On en retire le sel par la lessivation. On voit donc d'après ce que nous venons de dire que l'air atmosphérique est décomposé, que l'eau du bois l'est aussi, qu'il y a formation de gaz acide carbonique, de gaz ammoniacal, de l'eau en petite quantité, et que l'on peut retirer des cendres, du sel lessiviel et de la terre.

La respiration est une des fonctions les plus intéressantes de l'économie animale. On peut la considérer comme une vraie combustion, car elle ne peut avoir lieu sans air vital. Elle entretient la chaleur animale, débarrasse le sang veineux d'un gaz qui pourrait devenir funeste, elle augmente le fluidité du sang en fournissant une quantité assez considérable d'eau. Voici de quelle manière tous ces phénomènes s'exécutent :

Le sang est porté par l'aorte et ses diverses ramifications, du cœur dans toutes les parties du corps jusqu'aux extrémités. Là les extrémités capillaires des artères s'anastomosent avec les vaisseaux capillaires veineux qui sont destinés à rapporter le sang vers le cœur par leurs ramifications qui vont toujours en augmentant à mesure qu'elles s'approchent du cœur et se réunissent en deux troncs principaux, la veine cave supérieure ou descendante et la veine cave inférieure ou ascendante ; ce sang est versé dans l'oreillette droite, de là dans le ventricule droit et porté ensuite dans les poumons par l'artère pulmonaire qui s'y ramifie à l'infini dans chacun des lobes.

Pendant ce trajet, la sang veineux s'est chargé du gaz hydrogène carboné, résultant de la décomposition continuelle de nos substances et accélérée encore par les divers frottemens qu'a éprouvé le sang. Ce gaz hydrogène carboné, peut être considéré en quelque sorte comme antiputride ; mais s'il y restoit trop longtems dans nos vaisseaux, son accumulation pourroit devenir si considérable qu'elle occasionneroit la mort.

Mais la respiration introduit dans nos poumons de l'air atmosphérique qui est décomposé. L'azote se dégage, une partie du gaz oxigène s'unit avec le carbone et forme du gaz acide carbonique qui est évacué soit par l'expiration, soit par une évaporation continuelle par les pores de la peau comme le prouvent les opérations du médecin Fouquet. L'hydrogène s'unissant avec une partie de l'oxigène forme de l'eau qui est en partie expulsée par l'expiration. Dans ces diverses combinaisons l'oxigène a abandonné une grande quantité de calorique qui est absorbé ou introduit dans les vaisseaux pulmonaires veineux ainsi qu'une portion de l'eau qui vient d'être formée, ce qui augmente la fluidité du sang, renouvelle les déperditions de calorique que nous faisons continuellement ; enfin le sang veineux quitte sa couleur noire foncée pour prendre la couleur vermeille qui est ordinaire au sang contenu dans les artères. Il est rapporté au cœur par les quatre veines pulmonaires qui se réunissent en un seul tronc avant de parvenir à l'oreillette gauche, où il vient stimuler de nouveau le cœur et exciter la circulation non interrompue qui constitue la vie.

La couleur noire foncée du sang veineux est donc

occasionnée par le gaz acide carbonique, tandis que la couleur vermeille du sang artériel est occasionnée par l'oxigène et par un oxide de fer répandu dans le sang combiné avec l'acide phosphorique, ce qui forme un phosphate de fer avec excès de métal qui y est extrêmement divisé.

L'action de quelques oxides métalliques introduits dans l'estomac y établit une irritation, un spasme si violent qu'ils troublent toute la machine animale et produisent dans quelques circonstances la mort, en raison de la quantité plus ou moins grande d'oxigène que ces substances laissent échapper et qui se fixe sur les fibres des tuniques de l'estomac, qui étant le centre vers lequel tendent tous les mouvemens de l'économie, et qui est primitivement affecté dans le plus grand nombre des affections morbifiques, doit à plus forte raison produire le désordre général des fonctions de l'individu, lorsqu'une cause stimulante agit d'abord sur lui. En effet les oxides d'arsenic, de cuivre (nommés oxide blanc d'arsenic, oxide verd de cuivre) ne produisent des effets funestes dans l'estomac qu'en raison de la séparation de l'oxigène de ces substances et de sa fixation sur nos fibres, tandis que l'arsenic et le cuivre à leur état métallique peuvent être pris intérieurement sans nul effet funeste.

De même aussi on peut prendre une dose assez forte d'acide muriatique oxigéné, et de mercure sans nul inconvénient. Mais si on unit ces deux substances et qu'on forme un sel nommé muriate mercuriel oxigéné (sublimé corrosif), si on prend ce sel intérieurement même à fort petite dose, à la dose de trois grains, il déterminera un appareil spasmodique si violent sur l'estomac et qui se répètera dans toute la machine, que des convulsions vives, le désordre, l'anomalie de toutes nos fonctions en seront la suite, enfin la mort surviendra.

On pourroit encore, d'après ce que nous venons d'avancer, considérer l'action des poisons comme une vraie combustion animale.

Toulon, le 4 floréal, an IX de la République française.

Rossolin
Officier de santé de la marine
agé de 19 ans.

Le citoyen Rossolin agé de 19 ans élève de l'Ecole Centrale du Var, suivant les cours de dessein, des mathématiques et de la chimie, a mérité des éloges particuliers du jury et de ses professeurs par son amour pour le travail et le désir qu'il a de s'instruire.

A Toulon, le 8 floréal an IX de la République française une et indivisible.

Vallavieille, Cavellier.

LANGUES ANCIENNES

VERSION LATINE

De amicitiæ præstantia

Omnes celeræ res quæ expetuntur opportunæ sunt singulæ rebus fere singulis : diviliæ ut utare, opes ut colare, honores ut laudere, voluptates ut gaudeas, valetudo ut dolore careas et ut muneribus corporis fungare. Amicitia autem res plurimas continet. Quoquo te verteris presto est, nullo loco excluditur, numquam molesta est, itaque non aqua, non igni, ut aiunt, pluribus locis utimur quam amicitia, ea nempe res secundas et splendidiores facit et adversas patiens, communicansque leviores. Est enim amicitia nihil aliud nisi omnium divinarum humanarumque rerum cum benevolentia et charitate. Summa consensio, qua quidem, haud scio, an, excepta sapientia, quidquam melius homini sit datum a diis immortalibus. Divitias alii præponunt, bonam valetudinem alii, alii potentiam, alii honores, multi etiam voluptates. Belluarum hoc quidem extremum est; illa autem superiora, caduca et incerta sunt, posita non tam in nostris consiliis quam in fortunnæ (sic) temeritate; qui autem in virtute summum bonum ponunt, præclare illi quidem, sec hæc ipsa virtus et gignit et continet amicitiam, nec sine virtute amicitia esse ullo pacto potest.

TRADUCTION

De l'excellence de l'amitié

Toutes les choses qui sont recherchées, sont toutes bonnes à quelque objet particulier. De même les richesses sont faites pour s'en servir, l'autorité pour être respectée, les honneurs pour être loués, les plaisirs pour en jouir, la santé pour être exempte de douleur et pour s'acquitter de ses fonctions. Mais l'amitié contient encore plus d'avantages. De quelque côté que tu te tournes, elle est toujours à ta portée, elle n'est exclue d'aucun bien, elle n'est jamais déplacée, jamais elle n'est incommode. C'est pourquoi, comme on le dit, l'eau ni le feu ne nous sont pas d'un plus grand usage dans certaines occasions que l'amitié, car c'est elle qui rend la prospérité encore plus grande, et qui en souffrant et en partageant l'adversité la rend plus supportable. Car enfin l'amitié n'est rien autre chose que la réunion la plus parfaite des qualités divines et humaines, avec la bienveillance et l'affection. Je ne sais pas même si les dieux immortels ont donné quelque chose de meilleur à l'homme, excepté cependant la sagesse. Certains lui préfèrent les richesses, d'autres une bonne santé, d'autres la puissance, ceux là les honneurs, plusieurs même les plaisirs. Mais cette dernière chose est le propre des brutes. Car toutes les autres choses cy dessus sont toutes fragiles et incertaines, elles dépendent moins de notre volonté que de la témérité de la fortune. Quant à ceux qui placent le souverain bien dans la vertu, ceux là, je l'avoue, pensent très sagement. Mais cette même vertu contient et renferme l'amitié, et sans elle l'amitié ne peut être établie sur aucun fondement solide.

VERSION GRECQUE

Ἵππος καὶ ὄνος.

Ἄνθρωπός τις εἶχεν ἵππον καὶ ὄνον. Ὁδευόντων δὲ τῇ ὁδῷ, εἶπεν ὁ ὄνος τῷ ἵππῳ: ἆρον ἐκ τοῦ ἐμοῦ βάρους, εἰ θέλεις εἶναί με σῶν. Ὁ δέ οὐκ ἐπείσθη, ὄνος πεσὼν ἐκ τοῦ κόπου ἐτελεύτησε. Τοῦ δε δεσπότου πάντα ἐπίθεντοῖ αὐτοῦ, καὶ αὐτὴν τὴν ὄνου δορὰν, θρηνῶν ὁ ἵπποῖ ἔβοα : οἴμοι τῷ παναθλίῳ, τί μοι συνήβε τῷ ταλαιπώρῳ, μὴ θηλήσας γαρ μικρὸν βάρον λαβεῖν ἴδου ἄπαντα βαστάζω καὶ τὸ δέρμα.

Ἐπιμύθιον.

Ὁ μῦθοῖ δηλοῖ ὁτ. τοῖῖ μικροῖῖ οἱ μεγάλοι συγκοινονῶντεῖ, ἀμφοτεροὶ σωθήσονται ἐν βίῳ.

TRADUCTION

Un certain homme avait un cheval et un âne. Chemin faisant, l'âne dit au cheval : Décharge-moi d'une partie de ce fardeau, si tu veux que je ne succombe pas. Mais le cheval ne fut pas persuadé. L'âne tombant mourut sous le fardeau. Mais le maître ayant placé tout le bagage sur le dos du cheval, et même la peau de l'âne, le cheval se lamentant criait : Hélas! malheureux que je suis, que m'est-il arrivé pour n'avoir pas voulu secourir un souffrant? C'est que portant un petit fardeau je porte tout le butin, et même la peau de l'âne.

Cette fable nous enseigne que les grands en compagnie avec les petits doivent s'aider mutuellement.

GENSOLLEN.

Le citoyen Zenon Gensollen, agé de 16 ans, suivant le Cours de Langues Anciennes et des Belles-Lettres, à l'Ecole Centrale du Var, à qui appartiennent ces compositions, a mérité des éloges du Jury et de ses professeurs par sa sagesse et son application.

Toulon, le 2 floréal,
an IX de la République Française une et indivisible.

Les Membres du Jury d'Instruction publique près l'Ecole Centrale du Var,

VALLAVIEILLE, CAVELLIER.

Ecole Centrale
du Var

LANGUES ANCIENNES

Compositions du 2ᵉ Trimestre
An IX

Observations générales du Professeur sur la traduction des morceaux latins et grecs donnés en composition aux élèves des langues anciennes à la fin du 2ᵉ trimestre de l'An IX:

Il serait à désirer, sans doute, de trouver dans cette traduction plus d'exactitude dans le choix des expressions et des tournures ainsi que dans la liaison des idées et des propositions diverses. Mais il convient d'observer aussi que les jeunes gens des départemens méridionaux, habitués dans leurs familles à parler le patois de leur pays, sont très peu familiarisés avec les expressions et les tournures françaises.

On ne peut, ce me semble, exiger d'eux avec justice que de bien saisir le sens de leur auteur ; et c'est là le succès qu'ils me paraissent avoir généralement obtenu.

André.

EXTRAIT

de la

COMPOSITION DE STATIQUE

du Citoyen BAZOCHE

———

....
....

La Résultante de deux forces inégales p *et* q *dont les directions sont parallèles et qui agissent dans le même sens, leur est parallèle, est égale à leur somme* p + q *et divise la droite* ab *en deux parties réciproquement proportionnelles aux forces, de manière qu'on a cette proportion :* p : q :: bc : ac.

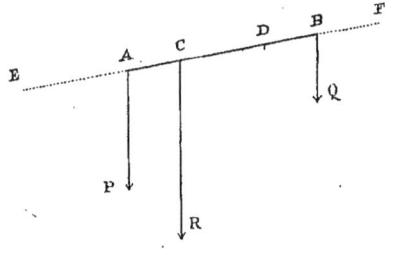

En effet, si l'on divise la droite *ab* en deux parties directement proportionnelles, en sorte qu'on ait cette proportion : $p : q :: ad : bd$, que l'on prolonge la droite *ba* d'une quantité $ea = ad$, que l'on prolonge de même la droite *ab* d'une quantité *bf* = *bd*, si l'on conçoit la force *p* distribuée uniformément sur tous les points de *ed*, chaque point de cette droite sera tiré par une force égale à $\frac{p}{ed}$. Si l'on conçoit de même la force *q* distribuée uniformément sur tous les points de *df*, chaque point de cette droite sera tiré par une force égale à $\frac{q}{df}$. Mais, je dis que les points de la droite *ef* sont tirés par des forces égales, car, dans la proportion *p* : *q* :: *bd* : *ad*, on peut mettre *ed* et *df* à la place de *bd* et *ad*. Ainsi, on aura

$$p : q :: de : df \quad \text{ou} \quad p : de :: q : df.$$

Donc $\frac{p}{de} = \frac{q}{df}$

C'est-à-dire que les points de *ef* sont tirés par des forces égales et parallèles. La Résultante passera donc ainsi par le milieu de cette droite. Mais la force R qui est la résultante des deux forces *p* et *q* est aussi la résultante de toutes les forces distribuées sur *ef*; elle est donc égale à la somme de ces forces, c.à.d. à *p*+*q*.

La Résultante divise la ligne d'application en deux parties réciproquement proportionnelles aux forces.

Car on a *p* : *q* :: *ad* : *bd*

mais par la construction de la figure *ec* = *ab*. Otons la partie commune *ac*, il reste *ea* = *bc* = *ab*. De même

$cf=ab$...Otons la partie commune cb, il reste $ac=bf=bd$

Donc on a :
$$p : q :: ad : bd$$

Chaque force est représentée par la partie de la ligne inflexible comprise entre la direction des deux autres. Car on a :
$$p : q :: bc : ac :: ad : bd$$

On a aussi :
$$p : R :: ad : ab$$

En réunissant on a :
$$p \quad : q : R :: bd : ac : ab.$$

———

La Résultante de deux forces qui concourent en un même point, passe par ce point, est comprise dans le plan des forces et est représentée en grandeur et en direction par la diagonale du parallélogramme construit sur leur direction, sur des parties prises proportionnellement à ces forces et en partant du point de concours a.

1º Elle passe par le point de concours a, car les deux forces ayant pour but de mouvoir ce point, pour que la résultante produise le même effet il faut qu'elle passe par ce point a.

2º Elle est comprise dans le plan de ces forces, car si l'on conçoit les deux forces p et q appliquées à deux points b et d de leur direction, pour que la Résultante puisse mouvoir la droite bd, il faut qu'elle passe par un point de cette droite. La ligne ac a donc deux points a et c dans le plan des deux forces : elle y est donc toute entière.

3° Elle est représentée en direction par la diagonale du parallélogramme construit sur des parties proportionnelles à ces forces.

Car si du point d on abaisse des perpendiculaires de et df, les triangles bed et cdf sont semblables et donnent cette proportion :

$$bd : dc :: de : df.$$

Mais on a

$$p : q :: dc : bd$$

donc aussi

$$p : q :: df : de$$

Maintenant, si du point d comme centre et d'un rayon égal à df on décrit l'arc fg terminé en g par le prolongement de la perpendiculaire de, que l'on applique à ce

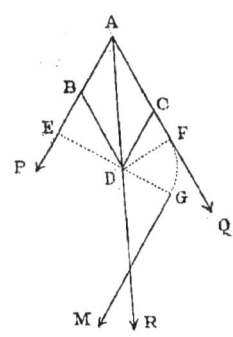

point une force m égale à la force q, la force m produira sur le point d le même effet que la force q ; donc à la place de celle-ci on peut substituer la force m et la résultante des deux forces p et m passera par le point d. Mais la résultante des deux forces p et m est la même que celle des deux forces p et q. Donc la résultante des deux forces q et q passera par le point d. Elle passe aussi par le point a, donc elle suit la direction de cette diagonale.

4° Elle est égale en grandeur à cette diagonale.

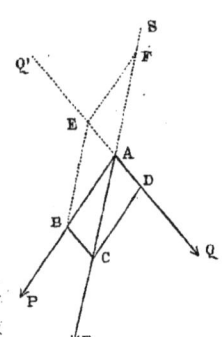

En effet, si l'on applique au point a une force $S=R$, les trois forces p, q, S, sont en équilibre ; donc chacune d'elles est égale et directement opposée à la résultante des deux autres. La force q, par exemple, est égale et directement opposée à la résultante des deux forces p et S.

Soit donc prolongé aq en aq' et soit porté $ae = ad$. Si l'on mène ef parallèle à ab, que l'on tire eb, cette ligne sera égale et parallèle à af ou ac. On aura donc cette proportion :

$$p : S :: ab : af$$

Mais on a

$$p : q :: ab : ad$$

Or

$$S = R \text{ et } af = ac$$

Donc on aura enfin :

$$p : R :: ab : ac$$

Réunissons les deux dernières proportions, on aura :
$$p : q : R :: ab : ad : ac$$

Donc la Résultante... etc...

....
................................., Bazoche.

Fait à Toulon le 26 et le 27 germinal an 9º

Le citoyen Joseph Charle Bazoche, âgé de 16 ans, élève de l'Ecole Centrale du Var, suivant le cours des Mathématiques, à qui appartient cette composition, a mérité des éloges distingués de son professeur et du jury d'instruction, par son amour pour l'étude, la douceur de son caractère, sa bonne conduite et ses progrès.

Toulon, le 21 floréal an 9ᵐᵒ de la République française une et indivisible.

Les Membres du jury d'instruction près l'Ecole Centrale du Var,

Vallavieille   Cavellier

SCIENCES MATHÉMATIQUES

QUESTION PREMIÈRE

Déterminer les valeurs du sinus et cosinus d'un arc en fonction de cet arc.

Pour cela je fais le rayon $= 1$ ce qui n'altère pas la généralité des résultats et j'obtiens par ce moyen $\sin^2 A + \cos^2 A = 1$, formule dont le premier membre peut être considéré comme le produit des deux facteurs imaginaires $\left(\cos A + \sqrt{-1}.\sin A\right)\left(\cos A - \sqrt{-1}.\sin A\right)$;

Si l'on multiplie deux facteurs semblables

$$\left(\cos A + \sqrt{-1}.\sin A\right)\left(\cos B + \sqrt{-1}.\sin B\right)$$

l'un par l'autre, on aura

$$\left(\cos A + \sqrt{-1}.\sin A\right)\left(\cos B + \sqrt{-1}\sin B\right) =$$

$\cos A.\cos B + \sqrt{-1}.\sin A.\cos B + \sqrt{-1}.\sin B.\cos A - \sin A.\sin B =$

la quantité suivante $\cos(A+B) + \sqrt{-1}.\sin(A+B)$

laquelle est semblable à chacun des facteurs, de sorte qu'on a en général

$$\left(\cos A + \sqrt{-1}.\sin A\right)\left(\cos B + \sqrt{-1}.\sin B\right) =$$
$$\cos(A+B) + \sqrt{-1}.\sin(A+B)$$

Et il est remarquable que la multiplication de ces sortes de quantités s'exécute en ajoutant seulement les arcs, ce qui est une propriété analogue à celle des logarithmes ; on en conclura successivement

$$\left(\cos A+\sqrt{-1}.\sin A\right)\left(\cos A+\sqrt{-1}\sin A\right)=\cos 2A+\sqrt{-1}.\sin 2A$$

$$\left(\cos A+\sqrt{-1}\sin A\right)\left(\cos 2A+\sqrt{-1}\sin 2A\right)=\cos 3A+\sqrt{-1}.\sin 3A$$

$$\left(\cos A+\sqrt{-1}\sin A\right)\left(\cos 3A+\sqrt{-1}\sin 3A\right)=\cos 4A+\sqrt{-1}\sin 4A$$

etc.

D'où l'on voit que le premier produit $\cos 2A + \sqrt{-1}.\sin 2A$ n'est autre chose que le facteur $\cos A + \sqrt{-1}.\sin A$ élevé au quarré, que le 2^e $\cos 3A + \sqrt{-1}.\sin 3A$ n'est autre chose que le même facteur élevé au cube, et qu'enfin le 3e n'est encore que le même facteur élevé à la 4e puissance. D'où il suit que n étant un nombre entier quelconque, on aura

$$\left(\cos A + \sqrt{-1}.\text{Sin } A\right)^n = \cos nA + \sqrt{-1}.\text{Sin } nA$$

qui nous donne en changeant le signe de $\sqrt{-1}$

$$\left(\cos A - \sqrt{-1}.\text{Sin } A\right)^n = \cos nA - \sqrt{-1}.\text{Sin } nA$$

Et de ces deux équations qui sont une suite l'une de l'autre on en tire les valeurs séparées de $\cos nA$, $\sin nA$, savoir :

$$\cos n\,A = \frac{1}{2}\Big(\cos A + \sqrt{-1}.\,\text{Sin } A\Big)^n +$$
$$\frac{1}{2}\Big(\cos A - \sqrt{-1}.\,\text{Sin } A\Big)^n$$

$$\sin n\,A = \frac{1}{2\sqrt{-1}}\Big(\cos A + \sqrt{-1}.\,\text{Sin } A\Big)^n -$$
$$\frac{1}{2\sqrt{-1}}\Big(\cos A - \sqrt{-1}.\,\text{Sin } A\Big)^n$$

Si on veut exprimer les valeurs de cos n A et de sin n A en séries il faudra développer par la formule du binome l'expression $\Big(\cos A + \sqrt{-1}.\,\text{Sin } A\Big)^n$ et $\Big(\cos A - \sqrt{-1}.\,\text{Sin } A\Big)^n$; ce qui nous donnera

$$\Big(\cos A + \sqrt{-1}.\text{Sin } A\Big)^n = \cos^n A + \frac{n}{1}\cos^{n-1} A.\text{Sin } A\sqrt{-1} -$$
$$\frac{n.\,n-1}{1.2}\cos^{n-2} A.\text{Sin}^2 A - \frac{n.\,n-1.\,n-2}{1\cdot 2\cdot 3}\times \cos^{n-3} A.$$
$$\text{Sin}^3 A\sqrt{-1} + \frac{n.\,n-1.\,n-2.\,n-3}{1\cdot 2\cdot 3\cdot 4}.\cos^{n-4} A.\text{Sin}^4 A + \text{etc.}$$

$$\Big(\cos A - \sqrt{-1}.\,\text{Sin } A\Big)^n = \cos^{n} A - \frac{n}{1}.\cos^{n-1} A.\text{Sin } A\sqrt{-1} -$$
$$\frac{n.\,n-1}{1\cdot 2}\cos^{n-2} A.\text{Sin}^2 A + \frac{n.\,n-1.\,n-2}{1\cdot 2\cdot 3}\times\cos^{n-3}A.\text{Sin}^3 A.\sqrt{-1} +$$
$$\frac{n.\,n-1.\,n-2.\,n-3}{1\cdot 2\cdot 3\cdot 4}\cos^{n-4} A.\text{Sin}^4 A.\text{ etc.}$$

Si l'on substitue ces valeurs dans celles de cos n A et de sin n A, on aura

$$\cos nA = \cos{}^nA - \frac{n.\,n\text{-}1}{1\text{-}2}\cos{}^{n\text{-}2}A.\operatorname{Sin}{}^2A +$$
$$\frac{n.\,n\text{-}1.\,n\text{-}2.\,n\text{-}3}{1\text{-}2\text{-}3\text{-}4} \times \cos{}^{n\text{-}4}A.\operatorname{Sin}{}^4A,\ \text{etc.}$$

$$\sin nA = \frac{n}{1}\cos{}^{n\text{-}1}A.\operatorname{Sin}A - \frac{n.\,n\text{-}1.\,n\text{-}2}{1\text{-}2\text{-}3}\cos{}^{n\text{-}3}A.\operatorname{Sin}{}^3A,\ \text{etc}$$

Mais puisqu'on a $\sin a = \cos a.\operatorname{tang} a$ ou $\sin A = \cos A.\operatorname{tang} A$ on aura en substituant la valeur de $\sin A$ dans les valeurs de $\cos nA$ et $\sin nA$, on aura

$$\cos nA = \cos{}^nA\left(1 - \frac{n.\,n\text{-}1}{1\text{-}2}\operatorname{tang}{}^2A + \right.$$
$$\left.\frac{n.\,n\text{-}1.\,n\text{-}2.\,n\text{-}3}{1\text{-}2\text{-}3\text{-}4}\operatorname{tang}{}^4A,\ \text{etc.}\right)$$

$$\sin nA = \cos{}^nA\left(\frac{n}{1}.\operatorname{tang}A - \frac{n.\,n\text{-}1.\,n\text{-}2}{1\text{-}2\text{-}3}\operatorname{tang}{}^3A,\ \text{etc.}\right)$$

Soit maintenant $n = \dfrac{x}{A}$, substituant cette valeur, en conservant cependant $\cos{}^nA$, on aura

$$\cos x = \cos{}^nA\left(1 - \frac{x.\,x-A}{1\text{-}2}\frac{\operatorname{tang}{}^2A}{A^2} + \right.$$
$$\left.\frac{x.\,x\text{-}A.\,x\text{-}2A.\,x\text{-}3A}{1\text{-}2\text{-}3\text{-}4}\frac{\operatorname{tang}{}^4A}{A^4}\ \text{etc}\right)$$

$$\operatorname{Sin} x = \cos{}^nA\left(\frac{x}{1}.\frac{\operatorname{tang}A}{A} - \frac{x.\,x\text{-}A.\,x\text{-}2A}{1\text{-}2\text{-}3}.\frac{\operatorname{tang}{}^3A}{A^3}\ \text{etc}\right)$$

Dans ces formules on peut prendre A à volonté ;

supposons A très petit ; alors $\sim \dfrac{\text{tang A}}{\text{A}}$ différera très peu de l'unité parce que la tangente d'un arc très petit est $\sim$ presque égale à l'arc ; cependant tant que l'arc n'est pas nul, on a $\dfrac{\text{tang A}}{\text{A}} > 1$, mais on a en même tems $\sin A < A$; donc on aura $\dfrac{\text{tang A}}{\text{A}} < \dfrac{\text{tang A}}{\sin A}$ ou $\dfrac{\text{tang A}}{\text{A}} < \dfrac{1}{\cos A}$; delà on voit que le rapport $\dfrac{\text{tang A}}{\text{A}}$ est toujours compris entre les limites 1 et $\dfrac{1}{\cos A}$ et en faisant $A = o$; $\cos A =$ l'unité ; et il faut qu'on ait $\sim$ exactement $\dfrac{\text{tang A}}{\text{A}} = 1$; donc en faisant $A = 0$; on aura

$$\cos x = \cos{^n}A \left(1 - \dfrac{x^2}{1\text{-}2} + \dfrac{x^4}{1\text{-}2\text{-}3\text{-}4} - \dfrac{x^6}{1\text{-}2\text{-}3\text{-}4\text{-}5\text{-}6} + \text{etc}\right)$$

$$\sin x = \cos{^n}A \left(\dfrac{x}{1} - \dfrac{x^3}{1\text{-}2\text{-}3} - \dfrac{x^5}{1\text{-}2\text{-}3\text{-}4\text{-}5} - \text{etc}\right)$$

Il reste à voir maintenant ce que devient $\cos{^n}A$ lorsque A diminue de plus en plus et devient enfin zéro ; or on a $\dfrac{1}{\cos^2 A} = \sec^2 A = 1 + \tang^2 A$, ce qui nous donne $\cos A = \left(1 + \tang^2 A\right)^{-\frac{1}{2}}$; donc on a $\cos{^n}A = \left(1 + \tang^2 A\right)^{-\frac{n}{2}} =$

$1 - \dfrac{n}{2} \tang^2 A + \dfrac{n \cdot n\text{-}2}{1\text{-}2\text{-}4} \cdot \tang^4 A$ ce qui égale en substituant au lieu de n sa valeur $\frac{x}{A}$.

$$1 - \frac{x}{1\text{-}2} A \cdot \frac{\tang^2 A}{A^2} + \frac{x}{1\text{-}2\text{-}4} \frac{x-2A}{} A^2 \cdot \frac{\tang^4 A}{A^4} \text{ etc.}$$

Si on imagine maintenant que A diminue de plus en plus, x restant le même, la valeur de cos ^nA s'approchera de plus en plus de l'unité ; enfin si l'on fait $A = 0$ et $\frac{\tang A}{A} = 1$ on aura exactement cos $^nA = 1$; donc en substituant nous aurons

$$\cos x = 1 - \frac{x^2}{1\text{-}2} + \frac{x^4}{1\text{-}2\text{-}3\text{-}4} - \frac{x^6}{1\text{-}2\text{-}3\text{-}4\text{-}5\text{-}6} + \text{etc.}$$

$$\sin x = \frac{x}{1} - \frac{x^3}{1\text{-}2\text{-}3} + \frac{x^5}{1\text{-}2\text{-}3\text{-}4\text{-}5} - \text{etc}$$

Ces mêmes valeurs peuvent s'exprimer d'une manière succincte par le moyen des exponentielles ; pour cela il faut se rappeler que e étant le nombre dont le logarithme hyperbolique est 1, on a

$$e^z = 1 + \frac{z}{1} + \frac{z^2}{1\text{-}2} + \frac{z^3}{1\text{-}2\text{-}3} + \frac{z^4}{1\text{-}2\text{-}3\text{-}4} + \frac{z^5}{1\text{-}2\text{-}3\text{-}4\text{-}5} + \text{etc.}$$

faisant $z = x\sqrt{-1}$ on aura

$$e^{x\sqrt{-1}} = 1 + \frac{x\sqrt{-1}}{1} - \frac{x^2}{1\text{-}2} - \frac{x^3\sqrt{-1}}{1\text{-}2\text{-}3} +$$
$$\frac{x^4}{1\text{-}2\text{-}3\text{-}4} + \frac{x^5\sqrt{-1}}{1\text{-}2\text{-}3\text{-}4\text{-}5} + \text{etc.}$$

qui nous donne en changeant le signe de $\sqrt{-1}$

$$e^{-x\sqrt{-1}} = 1 - \frac{x\sqrt{-1}}{1} - \frac{x^2}{1\cdot 2} - \frac{x^3\sqrt{-1}}{1\cdot 2\cdot 3} + \frac{x^4}{1\cdot 2\cdot 3\cdot 4} + \frac{x^5\sqrt{-1}}{1\cdot 2\cdot 3\cdot 4\cdot 5} + \text{etc.}$$

D'où l'on tire en ajoutant ces deux équations et en les retranchant

$$\frac{e^{x\sqrt{-1}} + e^{-x\sqrt{-1}}}{2} = 1 - \frac{x^2}{1\cdot 2} + \frac{x^4}{1\cdot 2\cdot 3\cdot 4} + \frac{x^6}{1\cdot 2\cdot 3\cdot 4\cdot 5\cdot 6} + \text{etc.}$$

$$\frac{e^{x\sqrt{-1}} - e^{-x\sqrt{-1}}}{2\sqrt{-1}} = \frac{x}{1} - \frac{x^3}{1\cdot 2\cdot 3} + \frac{x^5}{1\cdot 2\cdot 3\cdot 4\cdot 5} - \text{etc.}$$

Séries dont les 2mes membres expriment les valeurs déjà trouvées par cos x et sin x ; donc on a

$$\frac{e^{x\sqrt{-1}} + e^{-x\sqrt{-1}}}{2} = \cos x \; ; \; \frac{-e^{-x\sqrt{-1}} + e^{x\sqrt{-1}}}{2\sqrt{-1}} = \sin x$$

Donc on a en divisant

$$\frac{e^{x\sqrt{-1}} - e^{-x\sqrt{-1}}}{e^{x\sqrt{-1}} + e^{-x\sqrt{-1}}} = \sqrt{-1}\,\frac{\sin x}{\cos x} = \sqrt{-1}\,\text{tang } x$$

Mais on a $2\cos x + 2\sqrt{-1}.\sin x = 2e^{x\sqrt{-1}}$ ou $\cos x + \sqrt{-1}.\sin x = e^{x\sqrt{-1}}$ et l'on a encor $\cos x - \sqrt{-1}.\sin x =$

$e^{x\sqrt{-1}}$. Donc en divisant ces deux équations l'une par l'autre on aura $e^{2x\sqrt{-1}} = \dfrac{\cos x + \sqrt{-1}\sin x}{\cos x - \sqrt{-1}\sin x} = \dfrac{1 + \sqrt{-1}\,\text{tang}\,x}{1 - \sqrt{-1}\,\text{tang}\,x}$

en divisant par $\cos x$; et de cette équation on tire

$$2x\sqrt{-1} = \log\left(\dfrac{1 + \sqrt{-1}.\,\text{tang}\,x}{1 - \sqrt{-1}.\,\text{tang}\,x}\right)\;;\text{ mais on sait que}$$

$$\log\left(\dfrac{1+z}{1-z}\right) = 2z + \dfrac{2z^3}{3} + \dfrac{2z^5}{5} + \text{etc.}$$

Donc on a en faisant $z = \sqrt{-1}.\,\text{tang}\,x$

$$2x\sqrt{-1} = \log\left(\dfrac{1 + \sqrt{-1}.\,\text{tang}\,x}{1 - \sqrt{-1}.\,\text{tang}\,x}\right) = 2\sqrt{-1}\,\text{tang}\,x + \dfrac{2\sqrt{-1}.\,\text{tang}^3 x}{3} + \dfrac{2\sqrt{-1}.\,\text{tang}^5 x}{5} + \text{etc.}$$

et en divisant tout par $2\sqrt{-1}$ on aura

$$x = \text{tang}\,x + \dfrac{\text{tang}^3 x}{3} + \dfrac{\text{tang}^5 x}{5} + \text{etc.}$$

formule qui nous servira à calculer l'arc par sa tangente.

Pierre BARTHÉLEMI.

Le citoyen Pierre Barthélemy, âgé de 14 ans, élève de l'École Centrale du Var, suivant le cours des Mathématiques, à qui appartient cette composition, a mérité les éloges les plus distingués de son professeur et du jury d'instruc-

tion par ses talents, son application soutenue, son zèle pour le travail, le désir qu'il a de s'instruire, la facilité de sa diction et ses progrès.

Toulon, le 6 floréal an 9:me de la République française une et indivisible.

Les Membres du jury d'instruction publique près l'Ecole Centrale du Var,

VALLAVIEILLE   CAVELLIER

QUESTION 2ᵉ

Etant donné le côté d'un polyèdre régulier, trouver le rayon de la sphère inscrite et celui de la sphère circonscrite au polyèdre.

Il faut avoir déjà démontré que tout polyèdre peut être inscrit et circonscrit à la sphère.

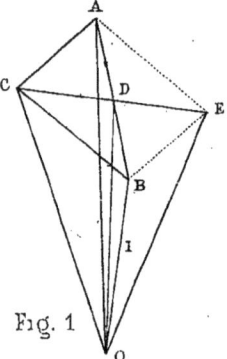

Fig. 1

Pour cela, soit AB un côté du polyèdre commun à deux faces adjacentes de ce polyèdre, C et E les centres de ces faces, et CD, DE les perpendiculaires abaissées des centres de ces faces sur le côté commun AB, lesquelles perpendiculaires se rencontreront en un point D milieu de AB. Les perpendiculaires CD et DE forment entr'elles un angle connu CDE qui est égal à l'inclinaison des deux faces adjacentes du polyèdre. Cela posé, si dans le plan CDE et sur les 3 droites CD, DE on mène les perpendiculaires indéfinies CO, EO ; je dis que le point O où les deux perpendiculaires se rencontrent sera le centre de la sphère inscrite et celui de la sphère circonscrite, OC étant le rayon de la première et OA celui de la 2ᵉ.

Car les apothèmes CD, DE étant égales, les triangles rectangles CDO, EDO seront égaux et par ce moyen CO égalera EO ; mais AB étant perpendiculaire au plan CDE, le plan ABC qui passe par cette droite sera aussi perpendiculaire sur CDE, ou CDE perpendiculaire sur ABO ; d'ailleurs CO qui est dans le plan CDE est perpendiculaire sur CD intersection commune des deux plans CDE, ABC ; donc aussi CO sera perpendiculaire sur ce dernier. Pareillement EO sera perpendiculaire sur le plan ABE ; donc les 2 perpendiculaires CO, EO aux plans de deux faces adjacentes, menées par les centres de ces faces se rencontrent en un même point O et sont égales. Soient maintenant ABC, ABE deux autres faces adjacentes du même polyèdre ; l'apothème CD restant toujours de même grandeur ainsi que l'angle CDO moitié de CDE ; le triangle CDO et son côté CO seront les mêmes pour toutes les faces du polyèdre ; donc si du point O comme centre et du rayon CO on décrit une sphère, cette sphère passera par tous les centres du polyèdre (car les plans ABC, ABE sont perpendiculaires à l'extrémité du rayon). Donc la sphère sera inscrite au polyèdre ou le polyèdre sera circonscrit à la sphère.

Maintenant, les obliques OA, OB s'écartant également de la perpendiculaire CO sont égales et comme il en serait de même pour deux autres lignes menées aux extrémités d'un côté commun à deux faces du polyèdre, du point O ; toutes ces lignes étant égales il suit que si du point O comme centre et du rayon OA = OB on décrit une surface sphérique, cette surface passera par les sommets de toutes les faces du polyèdre ; donc ce polyèdre sera inscrit dans la sphère.

Cela posé, la résolution du problème proposé n'a plus aucune difficulté et peut s'effectuer ainsi :

Etant donné le côté d'une face d'un polyèdre, décrivez cette face, et soit CD son apothême *(même figure)* cherchez ensuite l'inclinaison de deux faces adjacentes du polyèdre et faites l'angle CDE égal à cette inclinaison, prennez DE = CD, et menez sur ces deux droites et dans le plan CDE les deux perpendiculaires indéfinies CO et EO, prennez ensuite sur le prolongement de CD, CA égal au rayon du cercle circonscrit à une face, joignez OA et je dis que OC sera le rayon de la sphère inscrite,

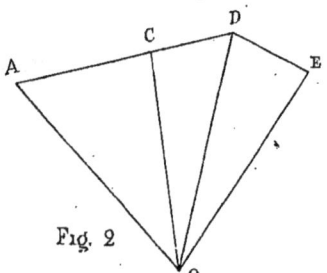

Fig. 2

OA celui de la sphère circonscrite ; car les triangles CDO, DAO de la figure 2 sont égaux à ceux de même nom dans la fig. 1 ; donc tandis que CD et AC expriment les rayons des cercles inscrit et circonscrit à une face du polyèdre, CO et AO expriment les rayons de la sphère inscrite et de la sphère circonscrite au polyèdre.

Fait à Toulon le 27 germinal par

Pierre BARTHÉLEMI.

Le citoyen Pierre Barthélemy, âgé de 14 ans, élève de l'Ecole Centrale du Var, suivant le cours de Mathématiques, à qui appartient cette composition, a mérité les éloges de son professeur et du jury d'instruction, par ses talens son application soutenue, son zèle pour le travail, le désir qu'il a de s'instruire, la facilité de sa diction et ses progrès.

Toulon, le 6 floréal an 9.no de la République française une et indivisible.

Les Membres du jury d'instruction près l'Ecole Centrale du Var,

VALLAVIEILLE   CAVELLIER

QUESTION 3^e

Etant donnés trois points sur une carte, savoir A, B, C dont la distance entr'eux est telle que du point A au point B, il y a 3600^m; de A en C, 8500^m et de B en C 11.000^m, il s'agit de déterminer un autre point M tel que l'angle $AMB = 25°30'$

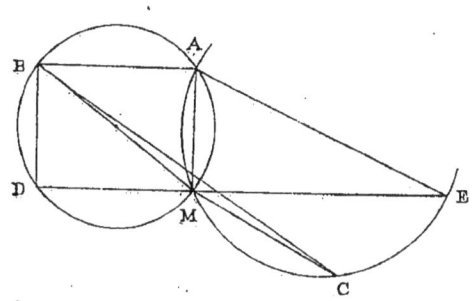

et que l'angle $AMC = 115°45'$; les quatre points A, B, C, M étant supposés dans un même plan.

Sur AB décrivez un segment AMDB capable de l'angle donné AMB, pareillement sur AC décrivez un segment AMC capable de l'angle donné AMC ; ces 2 segments se rencontreront aux deux points A et M, et je dis que ce dernier sera le point requis. Car les points de l'arc AMDB sont les seuls d'où l'on puisse voir AB sous un angle égal à l'angle donné AMB ; les points de l'arc AMC sont les seuls d'où l'on puisse voir AC sous un angle égal à l'angle donné AMC ; donc le point M, intersection de ces deux arcs, sera le seul d'où l'on pourra voir à la fois AB, AC sous les angles donnés AMB, AMC. Il ne s'agit plus maintenant que de calculer trigonométriquement la position du point M.

Pour cela, dans le triangle ABC où l'on connaît les 3 côtés, on calculera l'angle BAC par cette équation $\operatorname{Sin}^2 \frac{1}{2} A = R^2 \cdot \frac{(p-b)(p-c)}{bc}$ dans laquelle on sait que $p =$ la demi somme des 3 côtés qui égale 11550, que $b = AB = 3600$, $c = AC = 8500$, donc en substituant ces valeurs nous aurons

$$\operatorname{Sin}^2 \frac{1}{2} A = R^2 \cdot \frac{7950.3050}{3600.8500}$$

d'où l'on tire

$$2 \log \sin \frac{1}{2} A = \log 7950 + \log 3050 - (\log 3600 + \log 8500)$$

Or on a

$\log 7950 = 3{,}9003671$; $\log. 3050 = 3{,}4842998$;

$\log 3600 = 3{,}5563025$; $\log 8500 = 3{,}9294189$;

Donc en effectuant les opérations indiquées, on trouvera

$2 \log \sin \frac{1}{2} A = 27,3846669 - 7,4857214 = 19,8989455$

et par conséquent

$$\log \sin \frac{1}{2} A = 9,9494727 ;$$

cherchant ce logarithme dans les Tables, on verra qu'il exprime le sinus de l'angle qui a pour mesure $62° 53' 40''$.

Donc on a $\frac{1}{2} A = 62°53' 40''$ et en doublant cette valeur on aura $A = 125° 47' 20''$.

Si on tire maintenant le diamètre AD et qu'on joigne BD, on aura un triangle rectangle ABD dans lequel on connaît le côté $AB = 3600^m$, l'angle $BDA = AMB = 25°30'$ dans lequel on déterminera l'hypoténuse AD par l'équation $AD = \frac{R \times AB}{\sin BDA}$, d'où l'on tire $\log AD = \log R + \log 3600 - \log \sin 25°30' = 13,5563025 - 9,6339841 = 3,9223181$; cherchant le logarithme dans les Tables, on trouvera qu'il répond au nombre 8362,15 ; donc on a $AD = 8362^m 15$.

Tirant ensuite le diamètre AE et joignant CE, on aura un triangle rectangle CAE dans lequel on connaît $AC = 8500^m$, l'angle $CAE = AMC - 100° = 115° 45' - 100° = 15° 45'$ et dans lequel on trouvera l'hypoténuse AE par l'équation $AE = \frac{R \times AC}{\cos CAE}$ d'où l'on tire $\log AE = \log R + \log AC - \log \cos CAE = 13,9294189 - 9,9833805 = 3,9460384$; cherchant ce logarithme dans les Tables, on trouvera qu'il répond au nombre 8831,58 ; donc on a alors **AE** $= 8831^m 58$.

Si on tire maintenant DM et ME, les angles AMD, AME étant droits, la ligne DME sera droite ; il ne reste donc plus que de résoudre le triangle DAE dans lequel la ligne AM doit être déterminée de grandeur et de position. Or, dans le triangle EAD on connaît AD et AE qui viennent d'être calculés ; on connaît aussi l'angle DAE = BAC + CAE — DAB = 125° 47′ 20″ + 15° 45′ — 64° 30′ = 77° 2′ 20″.

On aura donc cette proportion.

AE + AD : AE — AD :: $\tang \frac{1}{2}$ (D+E) : $\tang \frac{1}{2}$ (D—E)

qui nous donne

$$\tang \frac{1}{2} (D-E) = \frac{\tang \frac{1}{2} (D+E)(AE-AD)}{AE+AD} ;$$

mais on a $\tang \frac{1}{2}$ (D+E) = tang 51° 28′ 50″ ; AE+AD = 17194^m ; AE — AD = $469^m 43$; donc

$$\tang \frac{1}{2} (D-E) = \frac{\tang 51° 28′ 50″ \times 469^m 43}{17194^m}$$

D'où l'on tire

log tang $\frac{1}{2}$ (D—E) = log. tang 51°28′50″+ log. $469^m 43$ — log. 17194^m = 10.0990923 + 2,6719708 = 4,2353769 = 8.5362862. Cherchant ce logarithme dans les Tables on trouvera qu'il répond à l'angle qui a pour mesure 1°58′ ;

donc on a $\frac{1}{2}$ (D—E) = 1° 58' ; ajoutant cette demi différence avec la demi somme 51° 28' 50''' on aura l'angle ADE = 53° 26' 50'''.

Connaissant l'angle ADE dans le triangle rectangle AMD on déterminera AM par l'équation

$$AM = \frac{\sin ADM \times AD}{R} = \frac{\sin 53°26'50'' \times 8362^m 15}{R},$$

d'où l'on tire

log AM = log. sin 53° 26' 30'' + log 8362^{m}15 — **10** = 9,9048824+ 3,9223181 — 10 = 13,8272005— 10=3,8272005,

Cherchant ce logarithme dans les Tables on verra qu'il répond au nombre 6717,41 ; on a donc AM = 6717^{m}41. Cette valeur et l'angle BAM déterminent entièrement la position du point M.

BARTHÉLEMI, les 28 et 29 germinal.

Le citoyen Pierre Barthélemy, âgé de 14 ans, élève de l'École Centrale du Var, suivant le cours des Mathématiques, à qui appartient cette composition, a mérité les éloges les plus distingués de son professeur et du jury d'instruction par ses talens, son application soutenue, son zèle pour le travail, le désir qu'il a de s'instruire, la facilité de sa diction et ses progrès.

Toulon, le 6 floréal, an 9° de la République française une et indivisible.

Les membres du jury d'instruction publique près l'École Centrale du Var,

VALLAVIEILLE   CAVELLIER

QUESTION PREMIÈRE

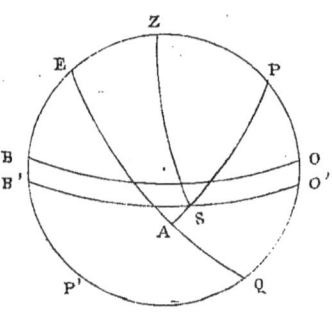

Déterminez pour le 15 floréal le lever Apparent du Bord inférieur et supérieur du Soleil. en tenant compte de l'effet de la parallaxe et de la hauteur de l'œuil qui est 10 mètres sur la surface de la terre.

Déclinaison du soleil..	16°11'36"
Latitude de Toulon....	43° 7'16"
Dépression............	0° 5'34"
Parallaxe.............	0° 0' 6"44
Réfraction...........	0° 1' 0"7
Demi-diamètre........	0°15'54"2

Pour résoudre cette question je décrirais la circonférence $zhno$ qui représentera le premier méridien, ho sera l'horison, eq l'équateur, du zénit z à l'astre s je mènerais le vertical zs, et du pole p au même astre je ferais passé le cercle de déclinaison ps ; ensuite $h'o'$ exprimera une autre horison abaissé de sa réfraction, car la réfraction tand à augmenté la hauteur de l'astre ; donc il faudra abaissé l'horison de pareille quantité. La parallaxe tand à diminuéz la hauteur de l'astre ; donc il faudra retranché la parallaxe de la réfraction. La dépression fait augmenté la hauteur de l'astre ; donc il faudra abaissé l'horison de cette quantité. Maintenant, suposons qu'on veuille déterminez l'heure apparant du soleil pour le bord inférieur. Comme ce bord paraît plus tard sur l'horison il sent-suit qu'il faudra relevez l'horison du demi-diamètre du soleil.

Cela posé dans le triangle zps je connait zp complément de po c'est-à-dire de la latitude, ps complément de la déclinaison, puisqu'il est complément de sa qui est la déclinaison, zs qui est de 90° plus la réfraction, moins la parallaxe, plus la dépression, et moins le demi-diamètre du soleil. L'on connait donc les trois côtés, je pourrait déterminez l'angle zps par le moyen du principe à trois côtés qui donnent la proportion

$$\sin zp \times \sin ps : \sin\left(\frac{1}{2}s - zp\right) \times$$
$$\sin\left(\frac{1}{2}s - ps\right) :: \overline{p}^{\,2} : \overline{\sin}^{\,2}\frac{1}{2}zps.$$

Ayant trouver l'angle zps j'en prendrais son suplément et j'aurais l'angle spo', qui réduit en temps donnera le lever apparent du Soleil pour le bord inférieur.

Comp^{ent} de zp = 46°52'44" = 9.8632695 | 39.6477920
Comp^{ent} d'où ps = 73°48'94" = 9.9824187 | 19.8456882
  } 9.9010519 = 52°46'25" × 2 =
zs = 89°50'34"6 } 19.8456882 | 19.8021038

p^{ro} du 50°23' 7"3 = 9.930232)
Si du 31°27'27"3 = 9.7175600
Log p^z = 20

Suplem^t de 105°32'52" = 74°27'8" =
4 h. 57"48'32'''

39.6477920

Lever apparent du soleil pour le bord inférieur
4 h. 57"48'32'''

Le citoyen Esmieu Cadet, âgé de 16 ans, élève de l'Ecole Centrale du Var, suivant le cours des Mathématiques, à qui appartient cette composition, a mérité des éloges particuliers de son professeur et du jury d'instruction par son application et ses talens.

Toulon, le 7 floréal an 9ᵉ de la République française une et indivisible.

Les Membres du jury d'instruction près l'Ecole Centrale du Var,

VALLAVIEILLE   CAVELLIER

QUESTION 2ᵉ

Déterminez pour le 15 floréal le lever apparant du soleil pour le bord supérieur en tenant compte de l'effet de la parallaxe et de la hauteur de l'œuil qui est de 10 mètres au dessus de la surface de la terre.

Pour résoudre cette question soit $zhno$, le premier méridien ho, l'horison eq, l'équateur, du zénit z à l'astre s, je ferais passé le vertical zs du pôle p au même astre, je décrirais le cercle de déclinaison ps, et je menerais ensuite $h'o'$ qui représentera un horison abaissé de la réfraction moins la parallaxe, abaissé encore de la dépression, et comme on veut trouver le lever apparant pour le bord supérieur, et que ce bord parait plu-tôt sur l'horison, il sent-suit qu'il faudra abaissé l'horison du demi-diamètre du soleil.

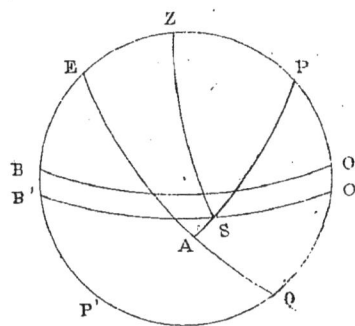

Dépression de l'horison	5'34"
Latitude de Toulon...	43° 7'16"
Parallaxe du soleil.....	6"44
Réfraction du soleil ...	1' 0"7
Dem.-diamètre du soleil	15'54"2
Déclinaison du soleil..	16 11'36"

Cela posé, dans le triangle zps, zp est complément de la latitude po ; ps est le complément de la déclinaison sa, et zs est de 90° plus la réfraction moins la parallaxe plus la dépression de l'horison et plus le demi-diamètre ; on connoit donc dans le triangle zps les trois côtés ; on pourra déterminez l'angle zps, par le moyen du principe à trois côtés qui donne la proportion

$$\sin zp \times \sin ps : \sin \left(\frac{1}{2} s - zp\right) \times \sin \left(\frac{1}{2} s - ps\right) :: \overline{p}^2 : \overline{\sin}^2 \frac{1}{2} zps.$$

Ayant trouver cet angle on prendra son suplément et l'on aura l'angle sop qui réduit en temps donnera l'heure apparente du soleil pour le bord supérieur.

Complem^t s de $zp = 46°52'44'' = 9.8632695$ ⎫ 39.6522880 ⎰ $9.9032999 = 53°10''$
compl. d'où $ps = 73°48'24'' = 9.9824187$ ⎬ 19.8456882 ⎱ $\sin 106°20'$ ⎱ $73°40' =$
$zp = 90°22'22''46$ ⎨19.8456882⎬ 19.8065998 $73°40 = 4\,h.\,54'40''$

p'' du $58°39'\,1''25 = 9.9314620$
S' du $31°43'\,21'23 = 9.7208260$
Le quarré du rayon $p^2 = 20\,0000800$

396522880

Lever apparant du soleil pour le bord supérieur
4 h. 54'40''

A la fin d'une année scolaire si bien remplie, la distribution des prix eut lieu le 29 thermidor, sous la présidence du citoyen Filhe, membre du Conseil général du Var, remplissant par intérim les fonctions de sous-préfet.

EXTRAIT DES REGISTRES

de la

SOUS-PRÉFECTURE DU 4ᵉ ARRONDISSEMENT DU DÉPARTEMENT DU VAR

« Du vingt-neuf thermidor an IX de la République française une et indivisible, à dix heures du matin, nous Jean-Baptiste Filhe, membre du Conseil Général du département du Var, remplissant provisoirement les fonctions de sous-préfet de l'arrondissement, en l'absence du citoyen Sénès le jeune, sous-préfet, en suite de la délégation à nous faite par le citoyen préfet du département par sa lettre du six courant, pour le remplacer dans la distribution des prix décernés aux élèves de l'Ecole Centrale de ce département par le jury central d'instruction publique, d'après l'examen par lui fait des ouvrages produits par les élèves dans les divers cours qu'ils ont suivis pendant l'an IX ; et après avoir fait parvenir à toutes les autorités constituées, civiles et militaires, de terre et de mer, et à tous les fonctionnaires publics l'invitation par écrit d'assister à cette intéressante cérémonie, et de se réunir à cet effet à nous dans le temple décadaire de cette commune de Toulon, lieu désigné pour la réunion.

Nous nous sommes rendu dans la sale (sic) des séances de la sous préfecture à neuf heures et demi, où se sont aussi réunis les maire et adjoints de Toulon, les membres du jury central, les professeurs et les élèves de l'Ecole Centrale.

L'heure de dix fixée pour la cérémonie étant arrivée, nous sous-préfet en remplacement, accompagné des citoyens cy-dessus dénommés, nous nous sommes rendus au milieu d'une double haye de grenadiers, ayant en tête des tambours, la musique militaire et les trompettes de la commune au temple décadaire, lieu destiné à la distribution des prix ; où nous aurions trouvé le citoyen Taubin, commandant d'armes, avec les officiers militaires et civils de la garnison, l'inspecteur et les sous inspecteurs de la marine, le commandant et les officiers de la garde nationale, les juges de paix, le tribunal de commerce, les conservateurs de la santé publique, les administrateurs des Hospices civils et du Bureau de Bienfaisance, les prudhommes pêcheurs, les commissaires de police, les membres de la Société libre d'émulation pour les Sciences et les Belles lettres, et autres fonctionnaires invités placés dans une partie de la sale destinée à les recevoir.

Le jury, les professeurs et les élèves auroient pris place au lieu qui leur était destiné, et nous accompagné du maire et adjoints avons pris place au Bureau.

La séance ouverte la musique a joué divers morceaux, nous sommes monté à la tribune, et nous avons prononcé un discours analogue à la cérémonie, dans lequel nous avons retracé aux élèves les bienfaits de la Révolution en établissant des écoles propres à donner à chaque jeune français l'instruction dont il sera susceptible, nous les avons invités à continuer de suivre avec assiduité le cours de leurs travaux, et nous avons fini par donner aux professeurs les éloges par eux mérités dans les diverses branches d'enseignement dont ils sont chargés.

Ce discours a été couvert d'applaudissements et a été terminé au son de la musique.

Le citoyen Martelot, professeur de Belles-lettres, est ensuite monté à la tribune, et a prononcé un discours relatif à l'instruction publique, il a développé les avantages résultants des établissements actuels sur ceux existants avant la Révolution, il a fait l'éloge de l'assiduité et des connaissances des élèves, il les a invités à se préparer pendant les vacances à suivre avec fruit les cours qui leur seront faits lors de l'ouverture de l'école. Ce discours terminé a été aplaudi, la musique a joué divers airs.

Le citoyen Cavellier, membre du jury central, est monté à la tribune, et a donné lecture d'un discours en prose de la composition du citoyen Cazeaux, élève, adressé aux défenseurs de la patrie, et des deux pièces de poësie composées par les citoyens Alexandre Roux et Claude Vernissac, élèves de littérature. Ces trois productions ont été reçues avec satisfaction de la part de l'assemblée qui l'a manifestée par des applaudissemens.

Le citoyen Vallavieille, membre du jury central, a ensuite fait lecture de la liste des élèves qui ont remporté les prix dans les divers cours, en suite des procès-verbaux dressés par le jury les 16, 17, 18, 21, 22 et 24 courant.

Et de suite les prix auroient été donnés par nous sous-préfet aux élèves dont les noms suivent :

COURS DE DESSEIN
PREMIÈRE CLASSE

1er Prix : le citoyen Charles Martin, de Toulon.

2° Prix : le citoyen André Ribergue. de Toulon.
3ᵉ — le citoyen Jean-Baptiste Lieutaud, de Toulon.

SECONDE CLASSE

Prix ex œquo : le citoyen Bernard Sénéquier, de Toulon.
le citoyen Louis Laure, d'Auxonne.
Accessit ex œquo : le citoyen Pierre Raibaud, de Toulon.
le citoyen Gabriel Vallavieille, de Toulon.

TROISIÈME CLASSE

1ᵉʳ Prix : le citoyen Auguste-François Julien, de Toulon.
2° — le citoyen Jacques Raibaud, de Toulon.
Accessit : le citoyen Amand Courtès, de Toulon.

QUATRIÈME CLASSE

1ᵉʳ Prix : le citoyen Jacques Robin, de Toulon.
2ᵉ — le citoyen Gaspard Bossan, de Romans.
Accessit : le citoyen Joseph Jourdan, de Toulon.

CINQUIÈME CLASSE

1ᵉʳ Prix : le citoyen François Saintoux, de Toulon.
2ᵉ — le citoyen Louis Thomas Monteuil, de Toulon.
Accessit : le citoyen Félix Brun, de Toulon.

COURS DE LANGUES ANCIENNES

Traduction latine

1ᵉʳ Prix ex œquo : le citoyen Turc de Toulon.
le citoyen Charles Sénès, de Toulon.
2ᵉ Prix : le citoyen Zenon Gensollen, de la Guadeloupe.

Traduction grecque

PREMIÈRE CLASSE

Prix : le citoyen Charles Sénès, de Toulon.
Accessit : le citoyen Antoine Turc, de Toulon.

SECONDE CLASSE

Prix : le citoyen Jean Reynaud, de Toulon.
Accessit : le citoyen Zénon Pons, de Toulon.

COURS DE MATHÉMATIQUES

PREMIÈRE CLASSE

1er Prix : le citoyen Pierre Barthélemy, de Toulon.
2º — le citoyen Bazoche, de Nancy.

SECONDE CLASSE

1er Prix : le citoyen Jean-Baptiste Lieutaud, de Toulon.
2º Prix ex œquo : le citoyen Mathieu Esmieu, de Toulon.
le citoyen Charles Martin, de Toulon.
Accessit : le citoyen Jean Nicolas Lallemand, de Nancy.

COURS DE LITTÉRATURE

PREMIÈRE CLASSE

Poésie

Prix ex œquo : le citoyen Alexandre Roux, de Toulon.
le citoyen Claude Venissac, de Toulon.

Prose

Prix : le citoyen Guillaume Cazeaux, de Toulon.
Accessit : le citoyen Zénon Gensollen, de la Martinique.

Tous les prix ayant été distribués aux élèves cy dessus désignés, aux grands applaudissements des spectateurs et au son de la musique, la séance a été fermée aux cris de Vive la République.

Le sous-préfet et toutes les autorités se sont rendus à la sous-préfecture où ils ont été accompagnés par les professeurs et les élèves escortés par un détachement de grenadiers ayant en tête les tambours et la musique. »

Le Sous-Préfet du 4° arrondissement du Var, en remplacement.

FILHE.

En transmettant au Préfet du Var le compte rendu de la cérémonie scolaire, le président fait remarquer avec quelque dépit que le Préfet maritime non seulement ne s'est pas rendu à son invitation, mais qu'il n'a même pas jugé à propos de la communiquer aux officiers et fonctionnaires placés sous ses ordres. (1)

---

(1) Toulon, le 2 fructidor, an IX de la République,

Citoyen Préfet,

Voici le procès-verbal dressé relativement à la distribution des prix aux élèves de l'Ecole Centrale.

Selon vos intentions, j'ai taché de donner le plus d'éclat que j'ay pu à cette cérémonie. Mais je n'ay pas été secondé par le préfet maritime, qui non seulement ne s'y est pas rendu, mais qui même n'a pas jugé à propos de faire part de mon invitation aux officiers militaires et aux employés sous ses ordres quoique je l'en eusse prié.

J'ai l'honneur de vous saluer.

FILHE.

(Archives départementales).

Les autorités militaires avaient répondu à l'invitation. On peut, croyons nous, expliquer cette abstention par une certaine tension qui devait exister à ce moment entre la marine et l'autorité civile à cause de l'occupation du local de l'ancien Collège de l'Oratoire.

A la fin de l'an IX, l'Ecole Centrale avait réellement une vitalité pleine de promesses, et le Préfet du Var avait proposé depuis quelques mois au jury d'instruction de la transférer dans les batiments de l'Oratoire, affectés au service de la marine, afin d'avoir plus d'espace pour les classes et pour le pensionnat. (1)

---

(1) Aux membres du Jury central d'instruction publique près l'Ecole Centrale du Var, à Toulon.

Draguignan, le 21 nivôse an IX,

« Par votre lettre du 11 de ce mois, vous me donnés connaissance, citoyens, que la maison nationale dite de l'Oratoire, actuellement occupée par la marine, serait susceptible tout à la fois de l'établissement de l'Ecole centrale et de celui de son pensionnat ; que ce local est le seul qui puisse remplir ce double objet au moyen de quelques réparations que vous avés reconnues indispensables. Je vous sçais gré du résultat de vos recherches et des renseignemens que vous avés bien voulu me donner. Je vais sur le champ m'occuper du soin de demander au gouvernement la cession de ce local comme peu propre au service de la marine ; dans tous les cas, on trouverait à le remplacer par un autre plus rapproché de ses ateliers et de son arsenal.

Pour que ma demande auprès du gouvernement ait tout le succès désirable, il est nécessaire que je connaisse préalablement la nature des réparations à faire au local que vous me désignés et la dépense qui pourrait en résulter. Je vous serai donc obligé de faire procéder sans retard par l'ingénieur ordinaire de votre arrondissement, le citoyen Perlinchamp, au devis descriptif et estimatif de ces réparations, que vous aurés soin de

La rentrée des classes de l'an X se fit avec 67 élèves, comme l'établit l'état matricule du second trimestre dressé en pluviôse ; leur répartition était fort inégale par rapport aux diverses matières d'études :

Dessein et Mathématiques, 17 :

Joseph Bernard, de Toulon, 14 ans.
Nicolas Monnier, de Toulon, 15 ans.
Pierre César Ferrand, de Toulon, 14 ans.
Pascal Ferrand, de Toulon, 17 ans.
Hippolyte Geoffroi, de Sanari, 14 ans.
Amédée Blancard, de Toulon, 16 ans.
Louis Christophe Sardou, de Toulon, 15 ans.
Auguste Dumas, de Toulon, 15 ans.
Joseph Jourdan, de Toulon, 15 ans.
Hilarion Jourdan, de Toulon, 14 ans.
Bienvenu Callot, de Toulon, 13 ans.
Laurent Breton, de Toulon, 14 ans.

---

me transmettre, avec un projet d'arrêté que vous prendrés sur la nécessité et l'utilité de rendre cet édifice à sa première destination en le consacrant de nouveau au service de l'instruction publique, attendu que celui qu'occupe actuellement l'École Centrale n'est point assez spacieux et ne réunit point toutes les conditions qu'un pareil établissement doit présenter ; que d'ailleurs ce local, qui est occupé partie par le sous-préfet, partie par l'Ecole Centrale, n'est pas susceptible d'éprouver la moindre division ; mais qu'on doit au contraire l'affecter en totalité au service de la sous-préfecture qui pourra alors y établir commodément ses bureaux et ses archives.

Je vous salue. »

J. FAUCHET.

(Archives départementales).

Pierre-François Emery, de Toulon, 15 ans.
Antoine Barnel, de Toulon, 14 ans.
Victor Deraime, de la Martinique, 17 ans.
André Sandraly, de Toulon, 13 ans.
Joseph Banon, d'Hyères, 15 ans 1/2.

Dessein et Langues anciennes, 6 :

Jacques Aubin, de Toulon, 13 ans,
Antoine-Joseph Girand, de Toulon, 12 ans.
Antoine Leingre, de Bastia, 14 ans.
Jean Reynaud, de Toulon, 14 ans.
Zenon Pons, de Toulon, 13 ans.
Paul Long, de Néoule, 19 ans.

Dessein seul, 30 :

Victor Cabissol, de Toulon, 12 ans.
Louis Roux, de Toulon, 14 ans.
François Maury, de Toulon, 14 ans.
Pierre Roux, de Toulon, 17 ans.
Félix Armagnen, de Toulon, 27 ans.
Auguste Guien, de Toulon, 13 ans.
Louis Humeau, de Toulon, 13 ans.
Louis Laure, d'Auxonne, 14 ans.
François Saintoux, de Toulon, 13 ans.
Jean Pierre Pons, de Toulon, 14 ans.
Michel Allègre, de Toulon, 14 ans.
Firmin Castellin, de Toulon, 13 ans.
Thomas Monteil, de Toulon, 12 ans.
François Geniès, de Toulon, 15 ans.

Joseph Martel, de Marseille, 13 ans.
François Julien, de Toulon, 14 ans.
Alexandre Bouillon, de Lorgues, 16 ans.
Vincent Brun, de Toulon, 12 ans.
Félix Monestel, de Toulon, 12 ans.
André Ribergue, de Toulon, 18 ans.
Gabriel Vallavieille, de Toulon, 17 ans.
Louis Salvy, de La Seine, 14 ans.
François Reynaud, de Cuers, 17 ans.
Jean-Baptiste Martinenq, de Toulon, 15 ans.
Pierre Barthélemi Pivot, de Toulon, 15 ans.
Armand Courtès, de Toulon, 15 ans 1/2.
Charles Martin, de Toulon, 16 ans.
François Baturel, de Toulon, 13 ans.
Jacques Rimbaud, de Toulon, 15 ans 1/2.
Gaspard Bossan, de Romans, 21 ans.

Langues anciennes seules, 2 :

Louis Burle, de Toulon, 12 ans.
François Barrallier, de la Seine, 14 ans.

Mathématiques seules, 5 :

André-Edouard Thoulon, de Toulon, 16 ans.
Jean-Joseph Guichard, de Toulon, 18 ans.
Jean-Baptiste Capin, du Puy-La Roque, 27 ans.
Joseph Bollot, de Toulon, 19 ans.
Pierre Barthélemi, de Toulon, 15 ans.

Langues anciennes et Belles lettres, 2 :

Pierre Antoine Turc, de Toulon, 16 ans.
Charles Sénès, de Toulon, 16 ans.

Belles lettres seules, 5 :

Guillaume Cazeaux, de Toulon, 16 ans.
Hyacinthe Mistral, de Toulon, 16 ans.
Antoine Rouquier, de Toulon, 13 ans.
Alexandre Roux, de Toulon, 18 ans,
Charles Serrain, de Toulon, 16 ans.

Je soussigné, professeur de l'Ecole Centrale du Var, chargé du registre de l'inscription des élèves, certifie véritable la liste ci-dessus s'élevant au nombre de soixante-sept élèves.

Toulon, le 23 pluviôse an X de la République une e^t indivisible (1).

DÉCUGIS.

Un état emergé du même trimestre, dressé pour le mois de ventôse an X, prouve que pour cet effectif d'élèves il y avait huit professeurs et un bibliothécaire, appointés à raison de 2.000 francs chacun, les citoyens Julien, André, Suzanne, Humbert, Ortolan, Martelot, Décugis, Borrelly et Giraudy.

Les divers cours eurent lieu avec une émulation particulière, des examens trimestriels constatèrent l'excellent état des études.

Nous joignons quelques compositions littéraires du second trimestre, ainsi que le *Tableau d'honnneur* qui fut dressé à la suite des opérations du jury et le compte-rendu de la séance où ce tableau, établi pour la première fois, fut lu aux élèves :

---

(1) Archives départementales.

DEUXIÈME TRIMESTRE AN X

Anecdote
Accompagnée de réflexions.

Dans la matinée du 18 ventôse, un petit nègre, domestique d'un officier de la 61ᵉ demi brigade, va trouver une femme qui vend habituellement des fruits, vis-à-vis le thrésor de la marine.

Ma bonne, lui dit-il en l'abordant, *je viens chercher l'argent de la montre que je vous vendis hier soir à la porte de la Comédie.*

Mon petit ami, répondit en riant la revendeuse, *je vous conseille d'ouvrir les yeux et de me bien regarder. Vous ne m'avez point vendu de montre, je ne vous ai jamais vu ; si vous avez fait quelque marché, cherchez ailleurs celle qui se trouve votre débitrice. Pour moi je n'ai rien à démêler avec vous.*

Le petit homme insiste : la femme continue à nier le fait, et l'affaire est portée par devant le commissaire de police.

Après avoir entendu les deux parties, ne sachant à quoi s'en tenir, le commissaire ordonne de conduire le nègre et la femme en prison. Comme il soupçonnait cependant que le petit nègre en imposait, il chargea par dessous main le geolier d'employer la terreur afin de lui arracher son secret.

Une demi heure après que l'enfant eut été jetté dans un cachot, le geolier fidelle aux ordres qu'il avait reçus, s'arme d'un bâton, ouvre brusquement la porte, saisit le petit scélérat au collet et, d'une voix terrible, le menace de le faire expirer sous les coups s'il ne dit sur le champ la vérité.

Intimidé par le ton du geolier et plus encore par la vue du bâton qu'il tenait à la main, le nègre se jette à ses genoux et les tenant étroitement embrassés :

Je vous prie, s'écrie-t-il, de ne me faire aucun mal. Je vais tout déclarer. Mon maître n'a point d'argent. Affligé de l'état dans lequel je l'ai vu ce matin, je suis sorti dans le dessin de lui en procurer et j'ai eu recours au moyen dont je me suis servi.

Le geolier enchanté d'avoir si bien réussi, fit sortir sur le champ son prisonnier et le conduisit au commissaire de police qui ayant entendu la même déposition fit de fortes réprimandes au petit imposteur et le remit en liberté.

Cet enfant doit-il être regardé comme innocent ou comme coupable ?

L'austère équité qui n'accorde rien à la faiblesse et qui n'admet aucune espèce d'excuses doit nécessairement le condamner. Mais si l'on fait attention à son peu d'expérience et aux motifs purs qui l'ont animé, on ne pourra lui refuser quelque indulgence. Si en effet il avait réfléchi aux suites d'une pareille démarche, à l'invraisemblance du succès, à la peine qu'il causerait à une femme innocente, et à l'opprobre qui rejaillirait sur lui lorsqu'on viendrait à connaitre sa ridicule imposture, il se serait bien gardé sans doute d'y avoir recours. Mais entraîné, séduit pour ainsi dire par une extrême sensibilité, il n'eut le tems ni de délibérer ni de réfléchir. Il céda, comme malgré lui, au désir d'adoucir les chagrins de son maître, et dès lors son action peut être regardée plutôt comme l'erreur excusable d'un cœur sensible que comme l'intention perfide d'un vil scélérat.

A. Roux.

ANALYSE DU DISCOURS DE DAGUESSEAU
Sur l'Amour de la Patrie

Au commencement de son discours sur l'amour de la patrie, Daguesseau déplore la mort de M. Chauvelin, avocat-général ; celle de M. de Longueuil, président au Parlement, et celle de Louis XIV.

Après avoir regretté dans M. Chauvelin cette voix éloquente dont les charmes puissans portaient dans tous les cœurs l'amour de la justice et l'impression lumineuse de la vérité ; dans le président de Longueuil cette profondeur de réflexion et cette maturité de jugement qui donne un empire naturel sur tous les esprits ; et dans Louis XIV un prince plus grand dans l'infortune qu'il ne l'avait été dans sa prospérité, il termine ces éloges par souhaiter que l'amour de la patrie anime le cœur de celui qui doit monter sur le trône et se communique à tous les français. Ce vœu lui sert d'exposition pour le sujet qu'il se propose de traiter.

La première chose qui se présente à Daguesseau en entrant en matière, c'est que l'amour de la patrie que nous connoissons par sentiment et que nous devrions suivre par intérêt est nul dans une monarchie, tandis qu'il produit les effets les plus étonnants dans une république. Il cherche la cause de cette différence et la trouve dans celle même qui existe entre ces deux espèces de gouvernements.

Dans une république l'on s'accoutume presque en naissant à regarder la fortune de l'Etat comme sa fortune particulière. L'espèce de fraternité civile qui règne entre tous les citoyens, en forme comme une seule famille, les intéresse également aux biens et aux maux de la patrie. Le sort d'un vaisseau, dit-il, dont chacun croit tenir le gouvernail ne sauroit être indifférent. L'amour de la patrie devient une espèce d'amour propre. On l'aime véritablement en aimant la république et l'on parvient enfin à l'aimer plus que soi-même. Lorsque Brutus eut ordonné le supplice de ses fils, la patrie lui rendit autant d'enfans qu'il conserva de citoyens par la perte de son propre sang.

Les raisons qui nous obligent à aimer la patrie devroient produire le même effet dans toute espèce de gouvernement, parce que c'est toujours à ce gouvernement que nous devons la conservation et la paisible jouissance de nos biens. Si dans une monarchie l'amour de la patrie est nul, plusieurs causes y contribuent plus ou moins. La première provient de l'abaissement dans lequel on tient le peuple. Ce peuple ne prenant aucune part aux affaires, et l'autorité souveraine se trouvant entre les mains d'un seul homme, on lui laisse conduire le vaisseau selon ses caprices. S'il réussit, on profite du bien qu'il fait sans presque lui en savoir gré ; s'il ne réussit pas et que l'on souffre de son impéritie ou de ses malheurs, on se vange (sic) de lui par des plaintes amères, ou par un rire insultant ou par des satyres (sic).

La seconde cause est produite par l'intérêt personnel. A mesure que l'amour de la patrie s'éteint dans le cœur des citoyens, la cupidité s'y allume avec plus d'ardeur. Lorsque des flatteurs sont venus à bout de persuader au chef de la nation que l'intérêt général n'est pas le sien, tous les membres de l'empire se laissent entraîner par son exemple, la contagion se répand par degrés jusqu'aux dernières conditions, et bientôt n'offre que le triste spectacle de mille brigandages. S'il reste quelques hommes vertueux, ils gémissent en silence des maux dont ils sont les témoins. Trop faibles pour en arrêter le cours, ils cherchent dans la retraite à se faire un bonheur que rien ne puisse empoisonner ; et là, comme dans une isle enchantée, on diroit qu'ils boivent les eaux de ce fleuve qui faisait oublier le passé.

Pour ranimer l'esprit public dans une monarchie, Daguesseau voudroit que les magistrats offrissent l'image vivante de toutes les vertus et forçassent pour ainsi dire par leur dévouement généreux le peuple à se respecter lui-même et à préférer la patrie à tous les autres biens.

La fin de son discours est consacrée à l'éloge du régent et à des vœux pour la prospérité de la France.

CAZEAUX.

Le citoyen Guillaume Cazeaux, âgé de 16 ans, élève de l'Ecole Centrale du Var, à qui appartient cette composition, a mérité des éloges particuliers du Jury et de son son professeur par son application.

Toulon, le 9 floréal an X

BARRY, DEMORE, RUYTER.

ANALYSE DU DISCOURS DE M. DAGUESSEAU
Sur l'Amour de la Patrie

L'exorde du discours de M. Daguesseau sur l'amour de la patrie est absolument étranger au sujet qu'il se propose de traiter.

Il le consacre à déplorer la perte de M. Chauvelin, avocat-général, du président de Longueil et de Louis XIV.

Après avoir rendu un témoignage honorable à la mémoire de ces morts illustres, il termine cet exorde par souhaiter que l'amour de la patrie anime le cœur du jeune prince qui doit remplacer Louis XIV, et que cet amour se communique à tous les Français.

L'amour de la patrie, dit-il, en entrant en matière, est un sentiment naturel à l'homme et que nous devrions suivre par intérêt. Comment se fait-il néanmoins que cette plante qui fructifie si heureusement dans les républiques, soit pour ainsi dire étrangère dans les monarchies ?

Les raisons qu'il en donne sont aussi solides que bien développées.

Dans une république, chaque citoyen s'accoutume de bonne heure et presqu'en naissant à regarder la fortune de l'Etat comme sa fortune particulière. Cette égalité parfaite, cette espèce de fraternité civile qui ne fait de tous les citoyens que comme une seule famille, les intéresse également aux biens et aux maux de la patrie. Le sort d'un vaisseau, dont chacun croit tenir le gouvernail, ne sauroit être indifférent. L'amour de la patrie devient une espèce d'amour propre, on s'aime véritablement en aimant la république et l'on parvient enfin à l'aimer plus que soi-même.

Lorsque Brutus présida au supplice de ses fils, ce moment fut sans doute terrible pour lui ; mais la patrie lui rendit autant d'enfans qu'il conserva de citoyens par la perte de son propre sang.

Les raisons qui attachent fortement à la patrie les citoyens d'une république devroient être aussi puissantes dans une monarchie. Car sous quelque gouvernement que l'on se trouve, c'est toujours l'Etat qui assure la conservation et la jouissance paisible de nos propriétés. Tandis cependant que dans une république, on voit souvent des hommes se dévouer généreusement pour l'intérêt général, il arrive presque toujours dans les monarchies que l'on vit et que l'on meurt sans soupçonner s'il y a une patrie.

Daguesseau en assigne plusieurs causes. La première c'est que dans l'Etat monarchique les habitans n'ont aucune part au Gouvernement. Alors ils se reposent entièrement sur la foi de celui qui gouverne. S'il réussit, on s'en aperçoit à peine ; s'il éprouve des revers, on se venge de lui par des traits satyriques ou par des plaintes amères.

A mesure que l'intérêt de l'Etat s'anéantit dans notre cœur, l'intérêt personnel s'y allume. Lorsque des flatteurs ont réussi à persuader au souverain que son intérêt n'est pas celui du peuple, son exemple devient d'autant plus contagieux qu'il ne reste plus aucun frein à la cupidité. Le mal se communique de proche en proche et descend par degrés jusqu'aux dernières conditions. Chacun fait la même distinction entre l'intérêt de l'Etat et le sien propre, chacun ne songe qu'à soi ; l'intérêt public est entièrement oublié. Les gens de bien, trop faibles pour s'opposer au torrent, se bornent à ne point s'y laisser entraîner et dès ce moment tout esprit public se trouve anéanti.

Daguesseau voudroit que les magistrats par leur conduite et par leurs vertus opposassent une barrière insurmontable à la contagion et que par l'exemple du plus entier dévouement, forçant les méchans à rougir, ils persuadassent au peuple que l'amour de la patrie est le plus sacré de tous les devoirs.

Il fait ensuite l'éloge du duc d'Orléans, régent du royaume, et termine son discours par des vœux pour la prospérité de la patrie.

A. Roux.

TABLEAU D'HONNEUR

des

ÉLÈVES DE L'ECOLE CENTRALE DU VAR

Deuxième trimestre de l'an X

Le Jury arrête que les noms des élèves cy dessous dénommés seront inscrits sur une liste qui sera affichée sur les murs des différentes salles des cours et dont l'intitulé annoncera que cette inscription est pour les élèves un nouveau témoignage de distinction accordé à leur zèle et leurs succès.

COURS DE DESSIN

1re SECTION

Charles Martin, de Toulon ;
Louis Laure, d'Auxonne.

2e SECTION

Zenon Pons, de Toulon ;
Nicolas Monnier, de Toulon.

3e SECTION

François Reynaud, de Cuers ;
Vincent Brun, de Toulon.

4ᵉ SECTION

Louis Roux cadet, de Toulon ;
François Mauric, de Toulon.

5ᵉ SECTION

Michel Allègre, de Toulon ;
Pierre Ferrand, de Toulon.

6ᵉ SECTION

Amédée Blancard, de Toulon ;
François Geniès, de Toulon.

COURS DE LANGUES ANCIENNES

1ʳᵉ SECTION

Jean Reynaud, de Toulon ;
Zenon Pons, de Toulon.

2ᵉ SECTION

Burle, de Toulon ;
Leingre, de Toulon.

COURS DE MATHÉMATIQUES

Pierre Barthélemy, de Toulon ;
Victor Roquefort, de Draguignan ;
Pierre Palot, de Toulon ;

Nicolas Monnier, de Toulon ;
Guichard, de Toulon ;
Hilarion Jourdan, de Toulon ;
Joseph Banon, d'Hyères.

COURS DE BELLES-LETTRES

Alexandre Roux, de Toulon ;
Guillaume Cazeaux, de Toulon.

Signé : BARRY, Président; DEMORE, RUYTER

Cejourdhuy 12 prairial an 10, à dix heures du matin, en présence du sous préfet du 4e arrondissement, des membres du jury d'instruction publique, des professeurs et des élèves de l'Ecole Centrale du département du Var, il a été fait lecture solennelle du procès-verbal d'examen de ces élèves pour le 2e Trimestre de cette année.

Cette lecture a été précédée de celle d'un discours prononcé par le citoyen Barry, président du jury, dans lequel par le tableau détaillé des avantages particuliers résultant de chacune des parties d'enseignement qu'offrent les différens cours, il a invité les élèves de la manière la plus pressante et la plus persuasive à n'en négliger aucune et à les fréquenter successivement avec le même zèle et la même assiduité.

Le procès verbal d'examen lu ensuite, le sous préfet incontinent après a adressé tour à tour aux élèves honorablement mentionnés des paroles d'encouragement et de satisfaction, et à leurs professeurs les éloges dus à leur zèle et à leurs succès.

La séance a été terminée par un discours sur les nombreux avantages de l'étude en général sous le rapport des succès durables et de la solide gloire qui en revient à ceux qui s'y livrent quand même la nature leur ait refusé le don inné du talent, à cause des heureuses habitudes qu'elle leur fait contracter et qui ont une si grande influence dans la suite sur leur fortune et leur rang dans la société, par leurs vertus publiques et domestiques.

Le citoyen Demore, membre et secrétaire du jury, auteur de ce discours, a fini par appeler le concours du sous-préfet pour le maintien d'une école à Toulon qui conserve à la fois aux élèves les ressources précieuses de l'instruction et les professeurs éclairés dans les leçons desquels ils la puisent si avantageusement.

Il a été arrêté que les discours des citoyens Barry et Demore seroient déposés dans les archives du jury et qu'extrait du présent procès verbal seroit transmis au préfet du département.

Signé : BARRY, DEMORE RUYTER.

Comme on le voit les membres du jury ne négligeaient rien pour encourager les études, pour susciter et entretenir l'émulation. La lettre accompagnant les documents envoyés au préfet démontre leurs excellentes intentions pour l'avenir. (1)

Mais à ce moment même on élaborait une loi (celle de floréal an X) qui venait frapper à mort les écoles centrales et qui devait être appliquée dès la rentrée des classes de l'an XI (octobre 1802).

De presque tous les points de la France, les préfets avaient signalé, dans leur *Statistique* de l'an IX, le mauvais recrutement ou le dépérissement des écoles centrales.

On peut se rendre compte de leur situation et des dispositions du Parlement par le rapport et le discours de Fourcroy au Corps législatif, du 30 germinal et du 10 floréal, et le rapport de Jacquemont au Tribunat, du 4 floréal :

---

(1)   Toulon, le 25 prairial an X.

Le jury central d'instruction publique près l'Ecole Centrale de Toulon au citoyen Préfet.

« Nous avons l'honneur de vous transmettre un extrait du procès-verbal de notre séance du 12 de ce mois.

Il serait difficile de vous peindre l'heureuse impression qu'a faite sur ces jeunes élèves la solennité inusitée que nous avons cru devoir mettre à ce qui n'était autrefois qu'une simple lecture.

Nous emploierons souvent de pareils moyens, convaincus par cet essai des effets avantageux qu'ils produisent.

Vous trouverez sous ce pli, citoyen Préfet, quelques morceaux choisis parmi ceux qu'ont présentés au dernier examen les élèves du cours de belles-lettres.

La Messagerie vous portera incessamment les meilleures productions des élèves du cours de dessein...

Salut et considération. »

DEMORE, RUYTER.

(1) Archives départementales.

1° *Extrait du rapport de Fourcroy*

«... Lorsque de grandes secousses ont déchiré le sein du globe et renversé les édifices qui en couvraient la surface, les hommes ne peuvent réparer solidement leur ancien ouvrage et relever les monumens écroulés qu'après avoir eu le tems d'en recueillir et d'en étudier les ruines. Ils commencent par assembler les débris avec méthode ; ils cherchent, dans leur rapprochement, l'ancienne ordonnance que l'art leur avait donnée, ils veulent toujours faire mieux qu'il n'avaient fait d'abord ; mais il n'y parviennent jamais qu'à l'aide des tentatives répétées, des efforts soutenus et du tems qui commande aux uns et aux autres.

Tel est le sort des institutions renversées par le bouleversement des empires. Ceux qui sont appelés les premiers à les rétablir, quel que soit le talent qu'ils y consacrent et le courage qu'ils y portent, ne peuvent pas se flatter de faire une œuvre durable.

Les oscillations politiques, qui durent encore, impriment à leurs nouvelles créations un caractère de faiblesse qui tend à les détruire dès leur naissance. Il faut que tous les germes de dissension et de discorde soient étouffés ; que tous les esprits soient rapprochés par le besoin et le désir du repos ; que le calme soit entièrement rétabli ; que les malheurs soient oubliés ou près de l'être ; que la paix, réparatrice de tant de maux, ait consolé la terre, pour que les institutions puissent prendre la vigueur et la solidité, qui en assurent la durée.

Cette vérité, que l'histoire de tous les peuples nous a révélée, et que la nôtre confirme avec tant de force depuis douze années, est surtout applicable à l'instruction publique, qui tient une place si éminente dans l'économie des nations, puisqu'elle perpétue dans leur sein les connaissances sur lesquelles reposent leur soutien et leur prospérité.

Placé dans les heureuses circonstances dont je viens de parler, le Gouvernement, en portant ses regards et sa vigilance sur l'état actuel des écoles publiques, en les comparant avec le besoin et les vœux des citoyens, a reconnu que plusieurs des institutions anciennes exigeaient quelques réformes, et que celles qui ont été établies par la loi du 3 brumaire an IV, quoique dirigées par des vues plus grandes et plus libérales que les anciens collèges et les universités qu'elles ont remplacés, n'avaient point obtenu tout le succès que le législateur en avait espéré. Constamment occupé de ce qui existe pour conserver ce qui est bien, pour corriger ce qui est défectueux, pour réformer ce qui est mal, le Gouvernement éclairé sur l'état actuel des écoles centrales, n'a pu se dissimuler que le peu d'utilité du plus grand nombre de ces écoles ne permettait point de les maintenir.

Effrayé par la nullité presque totale des écoles primaires, et des suites que doit amener un état de choses qui laisse une grande partie de la génération dénuée des premières connaissances indispensables pour communiquer avec celles qui la précèdent et qui doivent la suivre, il a senti que la réorganisation de ces écoles était l'un des besoins les plus urgens, et qu'il était impossible d'en ajourner plus long-tems l'exécution.

Le Gouvernement, en recherchant un nouveau mode d'enseignement approprié à l'état actuel des connaissances et au génie de la nation française, a cru nécessaire de sortir de la route accoutumée. Instruit par le passé, il a rejeté les formes anciennes des universités dont la philosophie et les lumières appelaient la réformation depuis près d'un demi siècle, et qui n'étaient plus d'accord avec les progrès de la raison ; il n'a vu dans les écoles centrales que des institutions peu nombreuses, trop également, trop uniformément organisées pour des départemens inégaux ou variés en population, en ressources et en moyens. Il a pris néanmoins ce que chacun de ces deux systèmes successivement adoptés avait de bon, et il en a fait disparaître les abus...» (1)

2° Extrait d'un discours de Fourcroy
au Corps Législatif du 10 floréal an X.

« ...Dans beaucoup de villes on se plaint de la destruction des écoles centrales, et ces plaintes succèdent quelquefois à celles que l'on faisait, il y a quelques mois, sur le peu d'utilité de ces écoles S'il est vrai qu'on n'attache leur véritable prix aux jouissances devenues habituelles que lorsqu'on est sur le point de les perdre ; s'il l'est encore que l'on n'aime point à perdre inopinément une chose dont on n'avait pas pu jouir assez, mais dont on ne veut pas être entièrement privé, n'est-il pas permis d'espérer que les communes qui n'auront pas de lycée, et qui avaient une école centrale, trouveront les moyens en conservant le local, les collections, les

---

(1) *Moniteur Universel* ou *Gazette Nationale* du 1er floréal an X.

frais déjà faits pour son établissement, de les convertir en une école secondaire plus forte et plus utile même qu'un ancien collège ? Voilà tout à coup soixante-dix écoles presque toutes organisées, qui, avec quelques modifications dans les études et les classes, se rapprocheront aisément du genre d'instruction littéraire essentiellement utile à la jeunesse. La dépense descendra tout à coup presque à la moitié de celle des écoles centrales. »

L'orateur fait une longue critique de l'enseignement routinier des collèges de l'ancien régime, notamment dans les sciences, et il continue ainsi :

« Les écoles centrales avaient remédié à ce vice ancien ; et si leur nombre trop considérable, leur égalité trop contrastante avec la différence des lieux, des habitudes, des dispositions ; leur origine, placée dans des tems où les factions et les partis gâtaient les plus belles institutions, n'avaient point mis un obstacle insurmontable à leur succès ; si surtout des études préliminaires leur avaient préparé des élèves disposés à profiter de l'instruction qui en faisait la base, elles auraient entièrement rempli le but que la philosophie avait marqué dans leur institution. C'est véritablement une amélioration de ces écoles qui se présente dans les lycées. Leur nombre plus petit est encore supérieur à celui des écoles centrales qui ont eu un succès réel... » (1)

---

(1) *Moniteur Universel* du 11 floréal an X, p. 895.

3° *Extrait du rapport de Jacquemont
au Tribunat sur le projet du Gouvernement.*

«...Vous connaissez, citoyens tribuns, toutes les espèces d'entraves qui retardèrent l'exécution de la loi du 3 brumaire an IV. L'esprit de parti repoussa dans la plupart des campagnes les instituteurs primaires qui, privés des rétributions qu'ils devaient tirer de leurs élèves, se trouvèrent réduits au simple traitement qui leur était alloué par les administrations du département, pour leur tenir lieu du logement et du jardin qu'on ne pouvait ou ne voulait pas leur livrer. Encore ce faible secours ne leur fut-il pas continué après la disparition du papier-monnaie, et la plupart furent obligés de reprendre les travaux ruraux pour assurer leur subsistance.

L'établissement des écoles centrales essuya également tous les genres d'obstacles que les mêmes causes d'une part, et de l'autre les rivalités des villes, les longueurs des formes administratives, la préparation des locaux destinés à les recevoir, pouvaient naturellement y apporter ; elles s'organisèrent lentement, difficilement, et plusieurs mêmes n'ont encore d'autre existence que celle de leur nom.

Quelques dispositions de la loi nuisaient elles-mêmes au succès de ces écoles : équivoquement placées sous la surveillance de l'administration centrale et de leur jury, elles manquaient d'une direction immédiate qui liât toutes les parties de l'enseignement, les assujettît à un ordre relatif et progressif, et maintînt l'exécution des règlemens intérieurs qui devaient les ordonner sur le but de leur institution. Elles n'offrirent pendant long-tems que des cours séparés, à côté les uns des autres, et non un système combiné d'instruction commune.

Elles étaient dépourvues de pensionnat où les parens pussent envoyer avec sécurité des enfans dont l'âge réclame les soins d'une sollicitude paternelle.

La loi du 3 brumaire s'était néanmoins proposé d'en établir un noyau auprès de chaque école centrale, en accordant des pensions temporaires à vingt élèves de chaque département; mais elle avait laissé au corps législatif le droit de déterminer chaque année le maximum de ces pensions, et jamais cette disposition n'eut de suite. Des professeurs qui, sous leur direction particulière, essayèrent d'ouvrir de ces pensionnats soit dans l'intérieur, soit à côté de leurs écoles, ne pouvaient point offrir un dédommagement suffisant de la première omission.

La division des cours et la fixation, de l'âge pour y être admis étaient une disposition nuisible à l'ordre des études, qui d'un côté ôtait quelquefois aux jeunes gens les moyens d'en embrasser le cercle entier, et qui de l'autre les obligeait à en négliger les parties nécessaires, lorsqu'ils avaient passé l'âge auquel ces cours étaient destinés ;-ces entraves furent néanmoins écartées par la nécessité même de s'y soustraire.

La nomination des professeurs par les jurys qui, à leur tour, étaient nommés par les administrateurs des départemens, ne présentait point une garantie suffisante de la bonté des choix, puisque les administrateurs pouvaient fort bien ne pas se connaître en hommes capables de juger les titres des candidats. La dépendance du jury livrait ensuite le sort des professeurs aux caprices et aux passions des administrateurs : et à toutes les époques de nos dissensions intérieures, les écoles se trouvaient plus ou moins désorganisées par des destitutions dont l'esprit de parti était même plus souvent le prétexte que la cause.

Mais ce sont les passions révolutionnaires qui s'opposèrent avec le plus d'efficacité à la consistance qu'elles auraient pu prendre. Il suffisait qu'elles fussent une création du régime nouveau, pour en éloigner la plus grande partie des jeunes gens dont les familles demeuraient attachées à l'ancien ordre des choses. Les opinions politiques connues ou présumées des professeurs devenaient souvent aussi un motif de réprobation pour leur doctrine, auprès des parens qui nourrissaient des opinions contraires. Il en résultait qu'à chaque mouvement, qu'à chaque mutation parmi les professeurs, des élèves désertaient les cours et faisaient place à de nouveaux élèves, qui ensuite les abandonnaient de même.

Enfin, il est juste d'ajouter encore que le Gouvernement ne s'occupa guères des moyens de faire prospérer ces établissemens. Ils restèrent presque toujours livrés à leurs propres forces ; et si, à différentes époques, ils reçurent quelques encouragemens, on s'aperçut bientôt de ce qu'on aurait pu en obtenir avec un système suivi d'attention et de surveillance.

Ce serait néanmoins une erreur de croire que les écoles centrales n'aient point été utiles. Le nombre d'élèves qu'elles présentaient dans ces dernières années s'était considérablement augmenté. L'ordre des études et la matière de l'enseignement s'étaient fixés, et l'administration avait pris d'elle-même une marche exacte et régulière. Le zèle et l'activité des professeurs avaient suppléé à tout ce qui leur manquait ; ils ne s'étaient laissé rebuter ni par l'indifférence que l'autorité leur montrait, ni par le défaut de payement dont ils avaient à se plaindre. Ils n'auraient eu besoin que la certitude de conserver leur état, pour attacher à leurs fonctions toute l'abondance des fruits qu'il était permis d'en attendre .˙. » (1)

De la discussion approfondie qui eut lieu devant les Chambres sortit la loi du 11 floréal (2) qui abrogeait

---

(1) *Moniteur Universel* du 5 floréal an X, p. 863.

(2) *Loi du 11 floréal an X (2 mai 1802).*

Titre Premier. — Division de l'Instruction

Art. 1ᵉʳ. — L'instruction sera donnée :

1° Dans les écoles primaires établies par les communes.

2° Dans les écoles secondaires établies par les communes ou tenues par des maîtres particuliers.

3° Dans les lycées et des écoles supérieures entretenues aux frais du trésor public.

Titre III. — Des Ecoles Secondaires

Art. 6. — Toute école établie par les communes ou tenue par des particuliers, dans laquelle on enseignera les langues latine et française, les premiers principes de la géographie, de l'histoire et des mathématiques sera considérée comme secondaire.

Art. 7. — Le gouvernement encouragera l'établissement des écoles secondaires, et récompensera la bonne instruction qui y sera donnée, *soit par la concession d'un local*, soit par la distribution de places gratuites dans les lycées à ceux des élèves de chaque département qui se seront le plus distingués, et par des

totalement celle du 3 brumaire an IV et qui emporta les écoles centrales, dont une courte expérience avait révélé les imperfections et surtout les lacunes.

Bien que l'école du Var fût condamnée à disparaître promptement en application de la nouvelle loi, le jury d'instruction accomplit sa tâche sans défaillance jusqu'à la fin de l'année scolaire.

Le 10 messidor, il adressa au préfet une demande à l'effet de voir porter de 300 à 600 francs la somme destinée à l'acquisition de prix et il pria ce magistrat d'en présider la distribution solennelle. (1)

---

gratifications accordées aux cinquante maîtres qui auront eu le plus d'élèves admis aux lycées.

Art. 8. — Il ne pourra être établi d'écoles secondaires sans l'autorisation du gouvernement. Elles seront placées sous la surveillance et l'inspection particulière des préfets.

TITRE IV. — DES LYCÉES

Art. 9. — Il sera établi des lycées pour l'enseignement des lettres et des sciences. Il y aura un lycée au moins par arrondissement de chaque tribunal d'appel.

Art. 10. — On enseignera dans les lycées les langues anciennes, la rhétorique, la logique, la morale et les élémens des sciences mathématiques et physiques.

Bulletin des Lois, n° 1448, tome II. an X, p. 216.

(1) Toulon, le 10 messidor an X.
Citoyen Préfet,

L'époque de la distribution des prix est fixée provisoirement aux derniers jours de thermidor.

Nous venons solliciter auprès de vous la somme nécessaire pour l'achat de ces prix.

De 600 francs auxquels elle avait jusqu'alors été portée, cette somme fut réduite à 300 francs l'année dernière. On en reconnut, mais trop tard, l'insuffisance.

L'examen de fin d'année eut lieu à la manière accoutumée et dura du 12 au 23 thermidor ; ses opérations furent consignées dans un compte-rendu détaillé, et condensées, en outre, dans un curieux palmarès qui vaut d'être publié.

En vous exprimant le désir de la voir reporter à son ancienne quotité, nous sommes certains de vous présenter un vœu qui ne peut qu'être accueilli par vous. Votre amour pour les sciences et les lettres vous fera toujours adopter tout ce qui tend à en répandre le goût, comme à l'encourager. Vous penserez avec le jury qu'il est peu de fonds placés à un plus haut intérêt que ceux consacrés à une si noble et si utile destination.

Il est, citoyen Préfet, un autre objet qui ne nous tient pas moins à cœur et dont nous nous promettons le même résultat ; c'est votre présence à la solemnité des prix. Le jury, les professeurs et les élèves la désirent depuis plusieurs années : les professeurs et nous par la certitude des heureux efforts qu'elle produiroit, les élèves par le plaisir qu'ils éprouveroient à recevoir leurs couronnes tout à la fois des mains du premier Magistrat du Département et d'un ami aussi distingué des lettres et des sciences.

Cette présence si ardemment souhaitée, veuillez ne pas la refuser plus longtemps à des vœux si pressants et si légitimes. Nous sommes prêts à avancer ou à reculer le jour de la distribution des prix selon vos convenances. Quel que soit celui que vous fixiez, il sera toujours à la nôtre, à celle de l'Ecole, que nous subordonnons sans peine au désir extrême que nous avons tous de vous voir au milieu de nous.

Déjà nous avons pris toutes les mesures qui nous ont paru propres à donner le plus d'éclat à cette intéressante cérémonie.

Un membre du jury et un professeur ont été désignés pour en suivre l'exécution, et quand il sera temps, elles vous seront soumises pour ne s'effectuer qu'avec votre approbation.

Les citoyens Demore et Borrelly ont été choisis pour porter la parole, l'un au nom du jury et l'autre au nom des professeurs.

Distribution des Prix de l'Ecole Centrale du Département du Var, le 7 Fructidor an dix

DÉSIGNATION DES CLASSES		PRIX	NOM de l'ÉLÈVE	Son Age	LIEU et sa NAISSANCE	DOMICILE ET ÉTAT DE SON PÈRE	FORTUNE DE SON PÈRE	OBSERVATIONS
DESSIN	1re Division	1er Prix	Louis Lasne	13	Aumonne	Toulon, Graveur de l'arsenal	Ses salaires	Cet élève a de grandes dispositions, beaucoup de goût ; son travail est pur et bien terminé ; il a toutes les qualités pour devenir graveur.
		2e Prix	Fr.-Auguste Jouha	16	Toulon	Toulon, profes. de dessin à l'École Centrale du Var	Ses honoraires et l'emploi de sa retraite par il n'a là que la qualité du sort à l'école des gardes de la marine.	Il a de la facilité, du goût et du sentiment. Il annonce de grandes dispositions pour la sculpture.
		ex-æquo	Armand Couvrès	15	Toulon	Toulon, coutelier	Son industrie	Cet élève a des bonnes dispositions.
		3e Prix	Joseph Jourdan	16	Toulon	Toulon, négociant	Son industrie	Bonnes dispositions et beaucoup de bonne volonté.
	2e Division	1er Prix	François Raynaud	17	Cuers	Cuers, tonnelier	Son industrie	Beaucoup de dispositions, un grand amour pour le travail ; il a fait dans six mois des progrès très rapides ; ses ouvrages sont finis.
		2e Prix	Charles Aumier	13	Toulon	Toulon, ex-avoué	Peu de fortune	Cet élève n'a que trois mois de leçons ; il a beaucoup de bonne volonté.
	3e Division	1er Prix	J.-Bte Martorell	10	Toulon	Toulon, père leurre à l'arsenal	Peu de fortune	Il a d'assez bonnes dispositions.
		2e Prix	Michel Allègre	16	Toulon	Toulon, charpentier à l'ars.	Ses salaires	Id.
		ex-æquo	Louis Husseau	13	Toulon	Toulon, savonnier	Ses salaires	Il a des bonnes dispositions et du goût. Il n'a que trois mois de leçons.
HISTOIRE NATURELLE (Cette classe est vacante)								
LANGUES ANCIENNES	Traduction du grec en français	1er Prix	Jean Renaud	15	Toulon	Toulon, infirmier d'hôpitaux	Son industrie	Les talens précoces et vraiment surprenants du cit. Renaud l'ont fait juger digne d'être recommandé à l'attention publique, à la bienveillance des autorités, et en particulier aux soins paternels du Préfet du Var.
		2e Prix	Joseph Lanosse	14	Bastia	Mort architecte	Sa veuve à très relevé une femme	Le citoyen Lefagre a des grandes dispositions.
		ex-æquo	Charles Beata	13	Toulon	Toulon, écolier	Son industrie	Des dispositions et beaucoup d'application.
	Traduction du latin en français	1er Prix	Jean Renaud	15	Toulon	Toulon, infirmier d'hôpitaux	Son industrie	Même note que celle portée à son article ci-dessus.
		2e Prix	Joseph Lanosse	14	Bastia	Mort architecte	Sa veuve et trois enfans sans fortune	Id.
MATHÉMATIQUES	1er Cours	1er Prix	Pierre Barthélemy	15	Toulon	Toulon, menuisier à l'arsenal depuis 40 ans	Ses salaires	Le cit. Barthélemy est doué de toutes les qualités qui annoncent en lui un habile géomètre : pénétration, sagacité, facilité d'expression, promptitude de conception, profondeur dans les idées, mémoire heureuse, avidité de connaissances ; il a répondu de la manière la plus brillante en présence du Jury d'instruction, en séance publique, au cit. Monge, examinateur pour l'école polytechnique, sur l'algèbre, la géométrie descriptive, le calcul différentiel et les premiers principes du calcul intégral. Toutes les bonnes qualités de cet élève font regretter que le défaut de fortune de ses parens contrarie le perfectionnement de son instruction.
	2e Cours	1er Prix	François Arène	10	Le Revest	Orphelin	Sans fortune	Cet élève s'est distingué par la rectitude de son jugement, la netteté de ses idées, la facilité de conception et par son grand amour pour le travail ; il a répondu sur la géométrie par Legendre, les élémens d'algèbre par Lacroix, la statique par Monge et la navigation par Bezout.
		2e Prix	J.-Bte Besson	17	Toulon	Son père est mort	Sans fortune	Cet élève a beaucoup de facilité, d'intelligence et de pénétration ; il s'exprime avec clarté et démontre avec méthode.
PHYSIQUE et CHIMIE (Sans élèves)								
GRAMMAIRE GÉNÉRALE (Point d'élèves)								
BELLES-LETTRES		1er Prix	Guillaume Cazeaux	10	Toulon	Toulon, ancien cuisinier	Peu de fortune	Aucune disposition manquante d'après l'avis du professeur.
		ex-æquo	Alexandre Roux	10	Toulon	Toulon, père-aysée de l'arsenal	Fort médiocre	Id.
		2e Prix	Charles Bando	13	Toulon	Mort juge près le tribunal du district de Toulon	Fort médiocre	Id.
HISTOIRE (Sans élèves)								
LÉGISLATION (Point d'élèves)								

Certifié par nous Membres du Jury central d'instruction publique.
VALLAVIEILLE, COURTÈS, CAVELLIER.

La distribution solennelle des prix eut lieu le 7 fructidor. Elle fut présidée par le préfet du Var, assisté de l'amiral Ganteaume, préfet maritime, de l'archevêque d'Aix, de l'évêque de Nice et des hauts représentants de la marine, de l'armée et de toutes les administrations de l'Etat.

Nous reproduisons le procès-verbal de cette fête scolaire et quelques passages saillants des discours prononcés par le citoyen Demore, membre du jury d'instruction, sur l'*éducation morale*; le citoyen Borrelly, professeur de législation, sur *l'objet et la fin de l'instruction publique*; le citoyen Fauchet, préfet du Var, sur *la discipline et la nécessité de la gymnastique* :

« Le 7 fructidor an X de la République française, à trois heures et demie de l'après-midi, le Préfet du déparment du Var, le secrétaire général de la préfecture, le

---

Le public entendra de la bouche même de leurs jeunes auteurs, celles des productions des élèves de l'école qui auront été jugées dignes de cette distinction.

Nous ne terminerons point cette lettre, citoyen Préfet, sans vous remercier au nom de l'instruction publique et des élèves de la publicité que vous avez donnée dans le « Journal du Var » aux noms de ceux d'entr'eux qui se sont fait distinguer dans le dernier examen. C'est par des récompenses si délicates qu'on échauffe l'émulation et qu'on obtient de plus grands succès.

Ce noble soin de votre part sera connu ; et pour qu'il produise tout le fruit que vous vous en êtes promis, cet article du « Journal du Var » sera lu par nous aux professeurs et aux élèves le jour de l'ouverture du concours pour les prix fixée au 12 du mois prochain.

Salut et respect.
DEMORE, RUYTER, CAVELLIER.

(Arch. départementales.)

sous-préfet du quatrième arrondissement communal, l'archevêque d'Aix et l'évêque de Nice, les maires et adjoints, les tribunaux civil et de commerce, les juges de paix, le commandant d'armes de la place, le préfet maritime, et généralement tous les fonctionnaires publics, civils et militaires, se sont rendus au son d'une musique guerrière, sous l'escorte d'une garde d'honneur, précédés des élèves de l'Ecole Centrale, dans la salle des amateurs dramatiques, où se trouvait déjà réuni un concours nombreux de citoyens de tout sexe et de tout âge..... L'orchestre a exécuté une ouverture de grand opéra. Ensuite le citoyen Demore, de l'Athénée de Lyon, et membre du jury a dit :

« Elles ne sont plus désertes ces touchantes solemnités où la patrie, par la main du premier Magistrat du département, vient vous récompenser d'une année d'efforts et de succès.

« Les citoyens les plus recommandables par leurs emplois et par leurs lumières s'empressent d'applaudir à vos triomphes...

« ...Vous ne triomphez plus obscurément ; cet intérêt qu'avaient détourné loin de vous le spectacle d'une guerre nationale, l'attente inquiète de son issue, les sentiments de trouble et de cruauté qu'excitaient dans les âmes et les dangers nombreux et le sort incertain des plus chers défenseurs, le prolongement et le terme imprévu de nos agitations politiques, cet intérêt vous est reporté tout entier.

« La victoire a été le prix de la valeur la plus éclatante ; et lorsqu'au dehors nos héros vainqueurs scellaient à Marengo et à Algésiras une paix à jamais glorieuse, au dedans, un gouvernement sage et conciliateur scellait la douce paix des citoyens. A l'abri de cette double pacification, l'agriculture, le commerce, les arts et les sciences ont repris la vie. L'alliance antique de la religion et de la morale a été renouée... L'attention concentrée jusque là sur un point unique, la guerre extérieure et nos dissensions intestines, a pu embrasser un plus grand cercle d'objets...

« Nous avons vu renaître en même temps, et comme par enchantement, nos spéculations, nos mœurs et nos fêtes. Nos âmes se sont ouvertes de nouveau aux affections sociales, aux douces impressions des sentiments qui lient l'homme à tout ce qui l'entoure...

« Pouviez-vous être oubliés à cette heureuse et mémorable époque, ô vous jeunes élèves, à qui tant de nœuds nous unissent, que tant de titres doivent nous rendre intéressans ; vous, nos fils, les fils de nos amis et de nos concitoyens ? Non, et ce concours nombreux de spectateurs, et ces yeux qui se fixent sur vous avec le plus tendre intérêt... tout vous est un garant de l'empire immuable de vos droits sur nos âmes.

« Jeunesse intéressante, nos périls, nos passions, nos malheurs ont pu, quelques instants, nous faire négliger les soins touchants que réclamaient pour vous vos besoins, la voix de la nature, l'intérêt de la Société. Nous avons pu quelques instants abandonner l'inexpérience de votre âge à la merci de l'ignorance et des fausses doctrines. Cette erreur dont il faut moins accuser nos cœurs que les circonstances, cette erreur a fini avec elles...

« Ils ne sont plus ces jours où l'on calomniait la science comme inutile, où on la poursuivait même comme dangereuse, où dans leur nullité impuissante, de vils usurpateurs du pouvoir, redoutant son jugement et sa lumière, formèrent le dessein sacrilège et absurde de l'exiler de la terre chérie des arts, de la retrancher du milieu de nous.

« Têtes des Lavoisier et des Bailly, vous tombâtes sous leurs coups impies ; mais la science immortelle ne périt point... Ombres infortunées, ombres illustres, vous en qui la science fut si cruellement outragée, consolez-vous, les jours d'expiation sont venus. Après les proscriptions sanglantes du triumvirat, Horace, Virgile, Mécène furent les amis et les confidents d'Auguste ; Chaptal, Volney, Fourcroy sont aujourd'hui les ministres et les conseils du gouvernement français !

« De proche en proche s'étend, jusqu'aux extrémités de la France, cette considération accordée au mérite. Partout les grandes places sont devenues son apanage ; et si quelques choix désavoués par l'opinion excitent encore l'étonnement des citoyens, l'assurance que ces choix furent surpris leur donne celle qu'ils ne sauraient longtemps subsister... »

« Jeunes élèves, êtes-vous assez convaincus que vous ne pouviez parcourir la carrière des sciences et des lettres dans des circonstances plus favorables à votre émulation et à vos progrès, que celle où la paix cimentée au dehors et au dedans ramène les doux loisirs amis des muses, reporte sur vous l'attention et l'intérêt général long-tems distraits ; que celles où un Gouvernement désireux de propager les lumières, s'occupe avec un soin spécial à ce grand dessein de faire refleurir ces écoles qui en sont la source, le foyer primitif, et du sein desquelles doit jaillir l'étincelle destinée à rallumer parmi nous l'antique flambeau des arts ; que celles où il rend tout son éclat et toute sa considération à la science, où il l'appelle dans ses conseils, où il partage avec elle ses travaux et son pouvoir, où il s'en sert comme de l'auxiliaire le plus naturel et le plus puissant pour la régénération des mœurs, pour épurer et régulariser l'opinion, pour fonder la gloire et la prospérité de la République, et l'affermir sur les bases d'une sage liberté ?

« Mettez à profit ces heureuses circonstances ; quand tout vous invite à l'étude, cédez à ses puissans attraits, enrichissez-vous de ses dons précieux. Ne vous présentât-elle d'autre avantage que celui d'orner votre esprit, de perfectionner votre raison, de rectifier votre jugement, d'épurer, d'ennoblir les penchans de votre cœur, d'occuper et d'égayer votre solitude, de charmer vos maux et vos peines (car l'étude offre tous ces biens), c'en serait assez pour lui mériter vos hommages, pour vous faire souhaiter ardemment ses faveurs. Mais quelle carrière brillante elle ouvre encore devant vous ! Par elle vous serez un jour distingués de la foule obscure de ses contempteurs ; par elle vous verrez un jour une équitable renommée vous désigner à la confiance de vos concitoyens, vous apporter le libre et honorable tribut de leurs suffrages, faire retentir autour de vous le doux concert de leurs louanges ; par elle, vous remplirez la noble attente de la patrie qui ne prodigue à votre jeunesse tant de soins et tant de secours que dans l'espoir que vous vous acquitterez dans la suite envers elle par d'utiles et d'éclatans services ; que dans l'espoir que vous serez dans la suite son appui, l'heureux instrument de sa prospérité et de sa gloire......

« Puissent les palmes dont vos premiers efforts vont être couronnés être le sûr présage de ces futurs et plus importans triomphes ! Puissiez-vous, toujours sensibles au charme touchant de l'estime et des applaudissemens publics, préluder par les succès modestes de l'école, à ces grands succès, à cette gloire éclatante, immortel apanage des illustres citoyens !

« Puisse ce sein qui vous porta et qui vous nourrit, le sein de cette tendre mère qui tressaille de joie en ce moment par le doux pressentiment de vous voir proclamer vainqueur dans ce lycée, tressaillir bien plus encore en vous entendant compter un jour parmi les soutiens et les ornemens de votre pays.

« Puissiez-vous dans l'âge viril, réalisant les touchantes espérances dont vous remplissez aujourd'hui son cœur, et celui d'un père, être l'honneur de leurs cheveux blancs ! Puissent-ils, répondant aux hommages empressés de vos concitoyens, leur dire un jour avec un doux orgueil :

« Il est notre fils : enfant, il annonça ses futures et brillantes destinées ; adolescent, il charma le milieu de notre carrière ; homme, il en embellit, il en honore la fin. Il nous doit la vie, mais sa gloire acquitte ce bienfait puisqu'elle nous rend immortels. »

Après un nouveau morceau de musique, le citoyen Jean Alexis Borrelly, ci-devant membre ordinaire de l'Académie des Sciences et Belles-Lettres de Prusse ;

professeur d'éloquence, de poésie et de logique à l'Académie militaire de Berlin ; directeur et inspecteur des études au corps des Cadets de la même ville ; correspondant du Musée de Paris, a pris la parole :

« ...La nature verse sur nous ses faveurs avec plus ou moins d'abondance, et ses dons sont divers.

« L'un reçoit en partage une mémoire heureuse : tous les objets se gravent dans son âme et l'empreinte n'en sera jamais effacée ; mais il manque de jugement, il entasse confusément connaissances sur connaissances, idées sur idées, et n'a point l'art de les combiner et de s'en servir au besoin. Il sera chargé des dépouilles de toutes les nations et de tous les siècles ; et toujours pauvre, comme l'avare au milieu de ses richesses, il ne fera que traîner partout après lui un poids inutile.

« L'autre a l'intelligence prompte et facile, mais ses sensations ne sont point aussi durables que vives. Les images des choses ne font que glisser pour ainsi dire sur son esprit. Son imagination le maîtrise, l'emporte et ce qu'il acquiert en superficie il le perd en profondeur.

« Celui-ci, d'un caractère froid et tranquille, ne peut s'attacher qu'à ce qui satisfait sa raison : il ne demande que lumière et vérité. Mais incapable de grands efforts, il est presque toujours réduit à ramper. Sa sphère est marquée : il se traîne servilement sur les traces de ceux qui l'on précédé ; et s'il parvient à connaître et à saisir les inventions d'autrui, il est hors d'état par lui-même d'ajouter aux richesses de l'esprit humain et d'honorer son siècle et sa nation par ses découvertes. C'est qu'il est privé de ce feu sacré qui est le principe et la source du grand, du sublime, du merveilleux, et qui agite, échauffe, pénètre le vrai génie.

« Celui-là, d'une constitution faible et délicate, a cette finesse de tact qui est comme la base des arts d'agrément ; cette sagacité vive et subtile qui fait discerner sans nuage tout ce qui peut plaire ou déplaire dans les différentes productions de l'esprit ; ce goût naturel, enfin, sans lequel on ne marche jamais qu'à tâtons dans les sentiers du bon et du beau. Mais il n'a ni cette force qui retourne les objets sous toutes les faces et qui les maîtrise à son gré ; ni cette activité courageuse, mâle et soutenue, qui s'élance au delà de ce qui est, pour créer des êtres nouveaux. Il n'a donc jamais que le mérite de polir, de perfectionner les ouvrages qu'une imagination plus féconde et plus riche a déjà fait éclore.

« Cet autre est doué du génie de l'invention : Il s'occupe bien moins de ce qu'on a trouvé dans les sciences et dans les arts que de ce qui reste à y découvrir. Il fouille sans relâche dans le sein de la nature, et souvent il en tire les trésors les plus précieux. Mais ces productions sont toujours comme le métal qu'on extrait de la mine, brut, informe, plein d'alliages et de matières étrangères ; il ne sait ni les épurer au creuset de la composition, ni les disposer dans l'ordre convenable, ni leur donner cet éclat qui frappe, qui attire et qui fixe tous les regards. Son imagination vigoureuse est quelquefois sublime et ses succès tiendraient du prodige s'il marchait sur les pas des Grâces et à la lueur du flambeau du goût.

« Tel est le partage des talens entre les hommes : nous devons tous plus ou moins à la nature ; mais personne ne doit se flatter de réunir l'universalité de ses dons.

« Cependant les besoins divers de la société sont remplis. Les uns excellent dans les arts d'imagination, les autres dans les sciences exactes ou spéculatives. Ceux-ci se consacrent à défricher des terres incultes et à amasser des matériaux utiles ; ceux-là percent les profondeurs de la nature ; et tandis que ce petit nombre d'heureux génies étend la sphère de nos idées et multiplie nos connaissances, d'autres les font servir au bonheur de l'humanité.

« Vous tous qui êtes appelés à l'honorable fonction de former des hommes, voilà sous quel aspect vous devez envisager les sujets divers que vous avez à instruire. Efforcez-vous d'abord de démêler en eux le genre de talens que leur a départis la nature, et adaptez-y sagement toutes vos instructions. Si, ensuite, les progrès de vos élèves diffèrent essentiellement les uns des autres, ayez égard à l'inégalité de leurs forces, et n'usez de sévérité envers eux que lorsque laissant éteindre dans leurs âmes cette noble ardeur pour la gloire, qui seule enfante les grands succès, ils ne répondront point à vos soins et au zèle qui vous anime pour leur avancement.

« Il est un tems où la jeunesse, volage et frivole, est en quelque sorte excusable de s'oublier, de négliger ses véritables intérêts, de ne pas concevoir toute l'étendue de ses devoirs, de ne pas sentir toutes les conséquences d'une bonne éducation, de n'envisager enfin l'étude et l'application que comme une servitude à laquelle l'autorité soumet la faiblesse. La réflexion n'est guère le fruit que de la maturité de l'esprit, et l'esprit ne se développe qu'avec les années.

« .... Jeunes gens, livrez-vous à l'étude avec toute l'ardeur naturelle à votre âge. Les succès en tous genres dépendent de l'application et de la constance. Le travail ne nous donne point le talent, mais il le vivifie, et presque toujours ils sont infructueux l'un sans l'autre. « Que peut l'étude sans le génie, dit Horace, et que peut à son tour le génie sans l'étude ? Ils s'entr'aident mutuellement et concourent au même but. » (1)

« Il n'appartient qu'aux petits esprits de se reposer entièrement sur leurs dispositions naturelles: la présomption doit former en partie de leur caractère. Les génies supérieurs sont ceux qui se livrent au travail parce qu'ils en sentent mieux la nécessité. Ils aperçoivent toujours devant eux un espace immense qu'il leur faut parcourir avant d'arriver à la perfection qu'ils veulent atteindre ; et plus ils s'éclairent, plus ils reconnaissent, de bonne foi, leur ignorance et l'inutilité du talent sans culture.

« .... Ce qui nous distingue essentiellement les uns des autres c'est la culture. Combien d'heureux génies sont restés enfouis pour avoir été méconnus ou livrés à eux mêmes ! Et combien d'esprits médiocres et presque sans talens sont devenus des membres utiles de la société et quelquefois les instrumens du bonheur public à force de travail et d'application, avec le secours du tems et de la patience !

---

(1) Ego nec studium sine divite venà, nec rude quid prosit, video ingenium. Alterius sid altera poscit opem res, et conjura, amice.

« ... C'est là ce que ne doivent jamais perdre de vue ceux qui sont chargés du dépôt de l'enseignement, et ce que vous devez vous dire à vous mêmes, jeunes élèves, toutes les fois que la nature semble vous opposer des obstacles qui paraissent au dessus de vos forces. Ne vous occupez alors que des moyens de les surmonter ; et que les progrès de ceux qui vous devancent dans la même carrière, loin de vous jetter dans le découragement, ne servent qu'à rallumer votre ardeur. Vous atteindrez comme eux au terme, si vous ne vous ralentissez pas. Peut-être vous en coûtera-t-il davantage ; mais votre mérite en sera plus grand et vous acquerrez plus de gloire.

« On rencontre quelquefois de ces hommes sur qui la nature s'est plue en quelque sorte d'accumuler tous ses dons. Ils conçoivent aisément et avec promptitude ; ils retiennent tout ce qu'ils voyent et tout ce qu'ils entendent. Rien ne les arrête dans la vaste carrière des arts et des sciences, et ils la parcourent à pas de géants, avec la rapidité des éclairs. Les langues, les instrumens nécessaires de nos connaissances, ne sont pour eux que des jeux et des délassemens. Ils s'élèvent aux spéculations les plus sublimes de la métaphysique et pénètrent dans les mystères de la nature avec une égale facilité. Ils saisissent les grands principes de la morale et de la politique, et les immenses replis du cœur humain ne sauraient jamais rien dérober à leur sagacité. Ils parlent et ils écrivent avec intérêt et avec grâce ; le sentiment leur fait discerner partout le bon et le beau. En un mot, ils vont toujours bien, sans chercher pourquoi, et n'ont qu'à suivre aveuglément une espèce d'instinct qui les guide.

« Ces sortes de génies sont admirables, il faut en convenir ; mais c'est la nature seule qui nous ravit en eux et qui excite notre admiration ; au lieu que ceux qui, à force de lutter contre la nature même, parviennent à un certain degré de perfection, qui ne doivent rien qu'à l'opiniâtreté de leur travail et à leur constance, sont véritablement dignes de tous nos éloges et de la reconnaissance de la patrie.

« C'est à ceux d'entre vous qui sentent la faiblesse de leurs talens, à s'arrêter à cette considération importante.

« Qu'ils s'appliquent sans cesse à les cultiver ; qu'ils mettent le tems à profit, ils n'auront pas toujours à se plaindre des disgrâces de la nature ; et leurs progrès, pour être lents, n'en seront pas moins utiles à la société.

« Mais d'ailleurs il ne faut pas croire que les plus beaux talens soient toujours ceux dont la société retire le plus d'avantages. Les génies faciles, pour la plupart, s'abandonnent à l'impression de tout ce qui les frappe, ils embrassent tout, ils veulent tout apprendre ; une idée succède à l'autre et ils n'acquièrent presque jamais que des connaissances superficielles. Les esprits lents, au contraire, ne sont point maîtrisés par l'imagination. Ils entrevoient partout des obstacles à vaincre, et ils craignent de sortir des bornes que la nature leur a prescrites. Ils s'essayent en divers genres ; mais après bien des tentatives infructueuses, ils s'attachent à un objet unique ; et insensiblement ils l'approfondissent ; de manière que si ceux-là ont communément plus de brillant, ceux-ci ont en général plus de solidité.

Néanmoins, citoyens, vous jugeriez mal de mes sentimens si vous pensiez que mon intention soit de rabaisser le véritable génie et de lui préférer la médiocrité des talens ordinaires. Je ne veux que vous représenter les abus qu'on fait si souvent des plus précieux dons de la nature, pour vous porter à les éviter, et à encourager ceux qui sont nés avec des dispositions moins heureuses, en leur indiquant les moyens de bien mériter, à leur tour, de la patrie et de l'humanité.

« Les hommes de génie sont en très petit nombre; et ce qu'il y a de plus étrange, c'est qu'ils sont presque toujours au-dessous d'eux-mêmes, soit par l'usage qu'ils font de leurs talens, soit par les vices et les écarts où les grandes passions les entraînent. On en voit peu qui soient attentifs à faire valoir les dons qu'ils ont reçus, et beaucoup moins encore qui les rapportent au plus grand bien de la société. Dans quelle classe d'hommes trouvons-nous le plus d'instruction, de vertu, de sagesse, de moralité ? C'est dans celle où par cela même qu'on est incapable de s'élever à ce qu'il y a de plus grand, suivant les idées humaines, on est forcé de s'attacher à ce qu'il y a de plus utile ; où, ne pouvant briller par les fruits du génie, on cherche à mériter l'estime et la bienveillance de ses concitoyens par ses connaissances et ses vertus ; où, si l'on est hors d'état d'étonner le monde par la beauté de ses productions et par l'importance de ses découvertes, on veut aider ses semblables de ses lumières et de ses travaux.

«...Combien ne rencontre-t-on pas dans tous les pays de ces êtres qui, selon l'expression d'un ancien, ne font que surcharger inutilement la terre (1). Si le hasard les a fait naître dans l'opulence et dans la grandeur, ils imposent au vulgaire qui ne juge des hommes que par le dehors ; et les sages, qui n'aperçoivent en eux que petitesses et ridicules, ne les envisagent que d'un œil de pitié. Si la faveur, l'intrigue, la cabale les conduisent aux grands emplois, ils sont ou des despotes impérieux qui n'écoutent que la voix de leurs préjugés ou de leurs passions, ou de faibles machines qu'on remue à son gré et qui n'ont aucune consistance ; ils accumulent fautes sur fautes, jusqu'à ce qu'enfin la même roue qui avait produit leur élévation les précipite du point où elle les avait fait monter. S'ils rampent dans l'obscurité, la bassesse, et s'ils traînent leurs jours malheureux dans une vile poussière, ils n'ont ni espoir ni ressources pour en sortir ; et le mépris de leurs concitoyens vient encore aggraver le poids de leurs maux.

« Détournons, Citoyens, détournons nos regards d'un pareil tableau ; fixons-les plutôt sur celui que nous offrent, dans toutes les conditions, ces hommes rares et privilégiés qui ont su cultiver leurs talens naturels et s'enrichir des plus belles connaissances.

« Ils ne sont nulle part déplacés ; on les estime, on les honore également partout, on recherche leur amitié, on a souvent besoin de leurs services, on ne les employe jamais sans succès. A couvert des atteintes de la fortune, ils peuvent braver ses caprices ; ou, s'ils essuyent des injustices et des revers, tôt ou tard ils se relèvent avec éclat. On s'empresse, de toutes parts, de leur tendre une

---

(1) Telluris inutile pondus. *Ovide.*

main secourable; ceux qui les favorisent croyent s'honorer par leurs propres bienfaits ; et ceux qui les persécutent, qui les calomnient, qui les oppriment deviennent les objets de l'indignation et de l'horreur publique.

« … Intéressante jeunesse ! prêtez l'oreille aux conseils dictés par l'expérience.

« La Providence ne nous a pas tous destinés à éclairer le monde par les productions du génie ; mais elle nous a prescrit à tous des devoirs à remplir dans la société. Personne n'est donc dispensé de travailler à son instruction.

« Au sortir des écoles publiques, vous obtiendrez peut-être des places honorables. Voudriez-vous ressembler à tant d'hommes qu'on voit, pour ainsi dire, écrasés sous le poids des fonctions qu'ils exercent, et chez qui, après le rang qu'ils tiennent dans la société, on ne trouve plus rien qui mérite d'en imposer ? De là viennent tant de désordres qui troublent l'ordre social.

« Qu'est-ce, en effet, un homme en place qui manque de lumières et dont la conduite ne saurait imposer de la confiance et de la considération à ceux qu'il commande ? C'est un homme qui, semblable à ce soliveau tombé du ciel au milieu d'un étang, dont nous parle le fabuliste, se laisse fouler aux pieds par ses propres sujets. Il est, ou présomptueux parce qu'il se méconnaît, et alors on se rit de sa vanité en même tems qu'on se joue de son ignorance et de sa faiblesse ; ou une âme pusillanime et lâche, que tout embarrasse, que tout effraye, qui ne pense ni n'agit d'après lui-même, qui n'embrasse jamais de parti généreux, qui ne fait paraître qu'irrésolutions et que craintes, au lieu d'embraser ses subalternes des feux de son courage, et de les soutenir par sa force.

« . . Je suis bien éloigné, citoyens, de condamner toute espèce d'ambition, et je suis même convaincu qu'il en est une qui non seulement ne mérite pas de censure, mais qui est louable, qu'on doit exciter dans les cœurs ; elle naît d'un principe vertueux, et son objet est moins de jouir soi-même de plus grands avantages que d'être à portée de mieux servir sa patrie, et de concourir avec plus de succès au bonheur de l'humanité.

«... Il vous importe donc bien de vous instruire, jeunes élèves. Eh ! Combien n'êtes-vous pas plus intéressés à acquérir des vertus !

« Méditez bien cette vérité capitale que si les dons de l'esprit méritent d'être cultivés avec tant de soins, ce n'est que par rapport aux qualités du cœur, qui vous font faire un bon usage de vos talens. Nous nous faisons admirer par ceux-ci, mais nos vertus seules nous rendent heureux et assurent en même tems le bonheur public. Nous ne sommes rien que par elles ; et le génie, sans la droiture et la probité, serait de tous les présens que la nature pourrait nous faire, le plus dangereux et le plus funeste.

« .... Vous n'êtes pas faits pour vous seuls. Vous êtes destinés à vivre avec vos semblables. Vous êtes membres du corps social ; des liens indissolubles vous attachent à la patrie ; vous occuperez un jour une place ; vous aurez toujours des devoirs à remplir. Or, c'est par la vertu principalement que l'homme est tout ce qu'il doit être : ce sont les qualités du cœur qui rehaussent le prix de talens et qui les font servir au bien de l'humanité.

« Votre éducation serait donc entièrement manquée si l'instruction que vous recevez ne faisait germer en vos cœurs les semences du bien et de la vertu. Oui, vous ne cultivez les sciences que pour être plus vertueux et, par conséquent, plus utiles à la patrie.

« .... Réfléchissez-y bien, jeunes citoyens ; vous faites maintenant l'apprentissage du reste de vos jours.... Les premières impressions s'effacent difficilement, et l'habitude du bien et du mal devient avec le tems une seconde nature, plus forte que la première, et qu'il est moralement impossible de réformer.

«... O mes chers Collègues ! la patrie a mis dans nos mains ses plus chères espérances ; et bientôt elle exigera que nous lui rendions un compte fidèle du dépôt dont elle daigne nous honorer. Lui paraîtrons-nous dignes de sa confiance, et goûterons-nous à la fois la douce satisfaction de voir tous les bons citoyens s'empresser de rendre justice aux succès de nos soins et de nos travaux ?

« Nous sommes obligés par état, par devoir, par reconnaissance, par intérêt, par principes d'honneur et de probité, de former des sujets utiles et vertueux ; mais pour remplir notre vocation dans toute son étendue, efforçons-nous d'être irréprochables dans nos mœurs, afin que la contagion du vice ne tire point sa source d'où devrait partir le remède.

« Ayons pour nos élèves des sentimens vraiment paternels, et regardons-nous comme tenant la place de ceux qui leur ont donné le jour. Ressemblons, en un mot, à ce maître dont Quintilien nous a tracé un si beau portrait : « n'ayant pas de vice et n'en souffrant jamais, austère sans rudesse et doux sans familiarité ; toujours attentif à saisir les occasions de parler de la vertu ; ni colère ni emporté, mais incapable de dissimuler les fautes ; simple dans sa manière d'enseigner ; patient, exact sans être difficile et trop exigeant ; ne refusant point une louange méritée, mais également éloigné de la prodiguer ; jamais amer ni offensant dans la correction. (1)»

« Quel trésor pour l'Etat et pour les pères de famille que des maîtres de ce caractère ! Et la patrie pourrait-elle assez reconnaître leurs services ?

« .... Pour vous, jeunes élèves, souvenez-vous que si vous devez l'existence à vos parens, vous devez à ceux qui vous instruisent tout le bonheur dont vous jouirez et tout le bien que vous ferez un jour dans le monde.

« Voilà donc, citoyens, l'objet et la fin de l'instruction publique. La perfection humaine tient essentiellement à la culture de l'esprit et du cœur. Il faut éclairer l'un, étendre la sphère de ses idées ; l'exalter, autant que ses facultés naturelles peuvent le permettre, et lui offrir sans cesse de nouveaux alimens pour le soutenir dans un noble essor.

« Il faut en même tems jetter dans l'autre les semences de toutes les vertus, rectifier ses penchans, épurer ses goûts, ennoblir ses inclinations, élever ses pensées et ses désirs : l'affermir dans les principes du vrai, du juste, de l'honnêteté, et l'accoutumer à sacrifier généreusement tout intérêt particulier dont le bien public ou l'exacte probité ne seraient point la base et la fin.

---

(1) Institutio oratoria.

« Ces deux objets sont inséparables dans l'éducation.

« ... Ce sont là, citoyens, les grandes et puissantes considérations qui ont déterminé notre Gouvernement a poser enfin la base d'une sage organisation des écoles nationales. Fasse le ciel que tous les bons citoyens, que tous nos magistrats en particulier, secondent ses généreux efforts.

« Il est tems, en effet, qu'on ouvre les yeux sur notre situation présente et qu'on s'occupe sérieusement, surtout dans nos contrées méridionales, d'arrêter l'entière décadence qui nous menace. La génération qui nous succède est également abandonnée à elle-même et ne reçoit plus aucune sorte d'éducation. C'est dans l'oisiveté, la dissipation et le libertinage que nos jeunes concitoyens passent ces belles années, si fugitives, qu'ils consacraient autrefois si utilement aux études.

« Eh! que deviendrait la France, sur laquelle se fixaient n'a guères, avec complaisance, les regards de tout l'univers : qui offrait au génie étranger de si parfaits modèles à imiter ; dont l'esprit, les mœurs, l'élégance, la politesse, tous les usages étaient l'objet de la recherche et faisaient les délices de toutes les nations, si l'instruction publique continuait d'être négligée, si elle n'était pas efficacement et puissamment encouragée, si nous n'adoptions pas d'autres principes que ceux que nous avons constamment suivis et que nos préjugés gothiques nous font peut-être craindre d'abandonner.

« La Révolution a renversé toutes les fortunes, mais des tems plus calmes et plus prospères les relèveront de jour en jour, parce que notre Gouvernement n'est pas moins juste que sage, que toutes les factions sont anéanties, que la concorde et la paix règneront désormais dans l'Eglise comme dans l'Etat. En sera-t-il de même au sujet des lumières et des mœurs nationales ? et si elles se perdent, les retrouverons-nous ?

« Sortons de notre léthargie. Nous avons souvent réduit tous nos ennemis, tous les peuples rivaux à reconnaître notre supériorité dans beaucoup de genres. Forçons-les encore à nous admirer et à nous aimer par la supériorité de tous les talens et de toutes les vertus.

« Nous y parviendrons certainement si l'instruction publique est portée au degré de perfection qu'il nous est si facile de lui donner ; en réformant les méthodes d'enseignement, en mettant entre les mains de notre jeunesse des livres élémentaires rédigés avec plus de goût et de philosophie ; en arrachant les instituteurs à l'empire des préjugés et de la routine, pour leur faire suivre une marche plus directe, plus sûre, plus conforme au développement naturel de nos facultés.

« Travaillons enfin sans relâche à ce que l'esprit public se réveille, se rattache aux objets du vrai et du beau, féconde tous les talens par son influence ; et pénétrons-nous bien de cette vérité que le grand ouvrage de la félicité publique doit commencer par l'éducation des enfans.

« .... L'éducation seule pourrait changer la face des Etats et les rendre florissans et stables ; mais il faudrait que partout son principal but fût d'échauffer, d'enflammer les cœurs par le sentiment de l'honnête et du beau ; et ce devrait être là le soin de tout législateur.

« Nous ne sommes bons ou mauvais, utiles ou nuisibles à la société, a dit l'illustre auteur des Mémoires de

Brandebourg (1), que par les principes que nous avons reçus dans un âge tendre. Inspirez aux enfans l'amour de la patrie : ils deviendront de bons citoyens ; et les bons citoyens sont les derniers et les plus forts boulevards des empires. »

La musique s'est fait entendre de nouveau, et immédiatement après le Préfet a prononcé le discours suivant :

« Chers enfans,

« Il faut, avant que je puisse vous parler avec la gravité qui convient peut-être au Magistrat, que je me laisse aller à la douce émotion que j'éprouve en ce moment.

« Cette assemblée imposante, cette union d'autorités respectables, union si long tems désirée et que Toulon voit aujourd'hui après tant de crises terribles, votre attente même inquiète, tout me reporte vers ces jours de ma jeunesse que je n'ai plus retrouvés depuis. Mon cœur bat comme si j'espérais encore cette couronne que ma main doit placer sur vos têtes. Le souvenir de parens qui me furent si chers vient se retracer à ma pensée : je vois encore les larmes de ma bonne mère, si fière de mes triomphes, si heureuse de mes succès.

« Chers enfans, l'avenir destine à quelques-uns de vous le bonheur de faire celui de vos semblables.

« ... Eh bien, vos succès si grands, si désirables dans la vie ne produiront pas sur vos âmes l'émotion délicieuse que vous allez ressentir, que l'on ne ressent qu'au jeune âge ; votre couronne aujourd'hui n'est pas flétrie par

---

(1) Frédéric II le Grand, roi de Prusse, auteur des *Mémoires pour servir à l'histoire de la maison de Brandebourg.*

l'envie, vos âmes ne sont pas contristées par la haine de ceux qui vous disputaient le prix ; vos rivaux ne sont point des ennemis. A votre âge, comme le disait un ami de ma jeunesse, que moissonna la Révolution à laquelle il s'était dévoué, à votre âge, on est encore heureux du bonheur des autres.

« Vous allez échapper à cette douce illusion. Bientôt peut-être vous payerez cher la triste expérience qui vous apprendra que tel qui applaudit à vos services réels est là pour les déprécier ou en demander le salaire. Mais pourquoi vous laisser entrevoir le cruel désenchantement. Jouissez bien du présent, soyez entièrement et purement heureux ; si mes contemporains le furent à votre âge, vous devez l'être doublement. Vous me rappelez la pensée du divin Platon mourant : Je suis heureux, disait-il, d'être né homme et non brute, d'être né grec et non barbare, et surtout d'être né du tems de Socrate.

« Vous ressemblez à ces plantes qui poussent sur les débris des volcans après leur éruption : elles ont une vigueur qui semble être due à un effort particulier de la nature. Vous paraissez après une révolution terrible, vous êtes nés Français, et vous êtes nés du tems de Bonaparte.

« Loin de moi la pensée de me refuser à la reconnaissance envers ceux à qui nous dûmes l'éducation que nous avons reçue ; mais combien elle fut inférieure à celle qui forme le premier âge ! Il n'y a plus aujourd'hui cette différence fatale qui naguères existait entre les principes que nous donnaient nos maîtres et les principes de nos institutions politiques...

« Former les habitudes et assouplir le caractère des enfans aux usages de la société, semer dans leur âme le germe des vertus vulgaires et dans leur esprit les élémens de quelques connaissances utiles, tel était le but de cette culture routinière qu'on honorait du nom d'éducation. Ainsi, par une formule générale et appliquée sans distinction à tous les climats et sous tous les gouvernemens, la plupart des instituteurs ont cru long-tems pouvoir résoudre le grand et difficile problème de l'éducation publique.

« Quel a été le fruit de cette erreur toujours funeste tantôt au peuple, tantôt au gouvernement, et quelquefois à tous les deux ensemble ? Tandis qu'Etats, mœurs, institutions, situations politiques, tout suivait la loi de la mobilité humaine, les générations arbitrairement moulées d'après des formes disparates et mal calculées, sont enfin parvenues, au bout d'un période plus ou moins long, à cette opposition entre leur caractère et leur régime, à ce contraste entre leurs principes et leur gouvernement, présages certains et causes déterminantes des révolutions et de leurs sanglantes suites. L'histoire de l'éducation, dans les deux derniers siècles surtout, fourmille de fautes de ce genre, commises, comme à l'envi, chez presque toutes les nations de l'Europe.

« Richelieu conseilla de réduire en France le nombre des collèges, parce que c'était énerver l'autorité que de trop instruire le peuple ; mais en même tems où il exhumait ainsi le code de la tyrannie, et appliquait à la puissance de son roi le principe de l'ignorance politique, par une inconséquence heureuse, il honorait les lettres, rassemblait ceux qui les cultivaient, et créait une Académie. L'Eglise même, dont l'homme religieux déplorait la puissance et les abus, dont la maxime était de rendre à César ce qu'exige César, devait être nécessairement par principe l'appui du pouvoir qui la soutenait ; eh bien, cependant qui de nous n'a pas appris des ministres du culte — que la politique avait presque partout chargés de l'instruction publique — qui de nous, dis-je, n'a pas été instruit par eux, et dans leurs leçons et dans leurs exercices, à honorer le poignard de Brutus immolant César aux mânes de la liberté romaine ?

« Ainsi les maximes républicaines de la Grèce et de l'Italie retentissaient dans les écoles des monarchies, et naguères, lorsqu'un peuple nouveau, que tant de guerriers qui m'écoutent ont aidé à briser ses fers, secoua le joug pesant de sa métropole, combien de chants religieux ont remercié le ciel de ses victoires? Combien de sociétés littéraires, sous les yeux et avec l'approbation des rois, ont invoqué le marbre et la toile, ont appelé le burin de l'histoire et celui du graveur pour célébrer l'acte fameux d'indépendance qui devait changer la face de l'ancien univers ?

« La lutte une fois établie entre les principes d'un Gouvernement imprudent et les maximes dont il laissait imbiber les âmes neuves de la jeunesse, il était bien aisé de calculer l'issue de ce combat inégal : le trône devait tomber, victime de ses inconséquences.

« Mais s'il a fallu plusieurs siècles de fautes pour amener sa chute, ô mes jeunes concitoyens, l'erreur seule d'une ou de deux générations suffirait pour le rétablir et vous rendre votre antique esclavage. Aucun peuple n'a été deux fois libre : Les Juifs, de retour de leur captivité, disparurent après de longues guerres civiles ; et, depuis deux mille ans, la Grèce est dans les fers !

« L'éducation est un feu lent, mais sûr, qui entretient ou consume la liberté, selon l'aliment qu'on lui donne ; or, de quel nom pourrait-on appeler le crime des dépositaires de cette flamme sacrée, s'ils en abusaient pour allumer un nouvel incendie ?

« Quels doivent donc être les principes de cette éducation conservatrice de notre indépendance ? Le Gouvernement à qui vous la devez dans toute sa gloire a tracé de sa main prévoyante et les vertus auxquelles on doit former les élèves et l'usage qu'il leur convient de faire de cet ensemble solide et brillant de vastes connaissances, fruits des savantes leçons de leurs instituteurs.

« L'indépendance existe au dehors, de peuple à peuple, et dans l'Etat, sous la subordination aux lois ; de là cette première distinction entre l'indépendance politique et l'indépendance civile ; et cette dernière se subdivise en liberté publique et liberté privée. Coordonner l'enseignement de la morale, et celui des sciences et des arts, à la conservation de ce triple droit, c'est donner la véritable éducation dans toute sa perfection.

« L'indépendance au dehors est le fruit de la force ; mais la force consiste moins dans le nombre des soldats que dans les effets combinés de la vigueur et de l'adresse. Dans une nation constitutionnellement militaire, la gymnastique et tous les exercices du corps doivent donc faire partie de l'éducation publique.

« Chez les hommes efféminés, la valeur est presque toujours une vertu sans fruit. Les soldats de Pompée sortirent des bras de la mollesse pour aller au combat ; César les fit frapper au visage, et leur mort inutile ne pu^t sauver la liberté mourante......................

« ...Le commerce et l'industrie sont encore un des moyens principaux de l'indépendance extérieure. Dans les combats singuliers, dans les actions particulières, le fer brise l'or, et l'esclave de la fortune le devient bientôt du premier qui le convoite ; mais dans les grandes combinaisons politiques, l'effusion des richesses épargne souvent celle du sang, et, pour les possessions lointaines surtout, l'or est toujours le véhicule de la force.

« Ne dédaignez donc pas de former vos élèves aux principes du commerce et de l'industrie. Asseoir un camp, tracer un siège, presser une marche, ordonner une bataille ne doivent être, dans un Etat bien réglé, que la profession de quelques-uns ; mais une des plus belles et des plus fécondes applications des hautes sciences est celle qui nous apporte et nous livre dans nos ports tout ce que l'univers a de plus précieux.

« Les Athéniens firent une faute en établissant leur marine. Trop remplis de l'esprit des conquêtes, ils n'aspirèrent à l'empire des mers que pour obtenir celui du continent, et demeurèrent sans commerce. Avec une marine exclusivement militaire, on est pirate, pauvre, odieux ou méprisable : les Athéniens, et les Romains après eux, éprouvèrent successivement les deux effets de cet aveugle système.

« Le Gouvernement ayant établi des écoles spéciales pour toutes les parties du service public, il est du devoir plus particulier des écoles civiles de diriger principalement le génie, ainsi que les études de leurs élèves, vers les arts paisibles et industrieux. Ici les langues étrangères, le dessin et toutes les branches de mathématiques doivent être employées à faire valoir à l'avantage de la France son sol, son industrie, et à exploiter, pour ainsi dire l'univers.

« Le doge de Venise, Mocenigo, installant son successeur au commencement du quinzième siècle, se vanta de lui laisser tout le monde connu en bénéfice pour l'Etat. Puissent les écoles publiques pouvoir dire à la fin de cette génération, avec le même orgueil et la même vérité, qu'elles laissent le monde comme tributaire des connaissances, des talens actifs des hommes qu'elles auront formés !

« Magistrats immédiats de la jeunesse confiée à leurs soins, les dépositaires de l'instruction publique sont aussi spécialement chargés de l'élever à l'esprit et à l'amour de la Constitution C'est sous ce grand et intéressant rapport qu'ils peuvent, plus immédiatement encore que le Gouvernement, perpétuer la liberté publique et privée.

« La jeunesse est naturellement portée à l'indépendance. Il est donc important de la former à ses devoirs de citoyen, en même tems qu'on l'éclaire sur ses droits : les droits naissent des devoirs et n'existent plus si les devoirs sont oubliés.

« Un ouvrage utile d'éducation publique serait un tableau où chaque droit de l'homme, en corps de nation, serait inscrit au milieu des abus qui en forment les extrêmes.

« Là, la liberté, naissant de l'obéissance à la loi, serait placée entre l'anarchie qui la déchire et le despotisme qui la foule à ses pieds. En effet, on demeure libre, même avec de mauvaises lois, tant qu'il reste des moyens constitutionnels pour les améliorer ; mais sans eux, jouet de toutes les passions, on devient d'abord l'esclave de tous, pour finir par l'être d'un seul.

....Parmi les vertus domestiques, l'obéissance au pouvoir paternel est celle qui tient de plus près à l'ordre public.

« S'il est vrai que l'harmonie générale soit le fruit des subordinations particulières qui lient les hommes entre eux, avec quel soin ne doit-on pas inspirer aux enfans le respect filial, ainsi que la soumission absolue à la volonté paternelle !

« Elevé sous la dépendance domestique, l'enfant parvenu à l'âge viril passe sans efforts sous celle de la magistrature publique: ainsi, dans le vœu de politique, comme dans celui de la saine morale, la puissance paternelle doit faire le premier degré de l'autorité constitutionnelle, et la maison du père devenir l'école primaire de l'obéissance légale.

« Membres du Jury, instituteurs également recommandables par de grands talens chers à la patrie, pardonnez si votre Magistrat ose ici vous prescrire comme devoir ce que vous avez déjà fait ; mais il ne vous échappera pas que le plus bel éloge que le Gouvernement puisse faire de votre conduite est de publier comme maxime fondamentale, et comme règle pour toutes les maisons d'éducation, ce que votre génie a su concevoir de lui-même et exécuter avec tant de succès.

« Lorsque l'éducation publique était confiée uniquement à des célibataires par état, c'était de leur vertu seule qu'il fallait attendre ces sacrifices pénibles de soins et de veilles qui caractérisent votre sublime profession ; mais, depuis que, se rapprochant de la nature, on a su confier à des pères de famille l'auguste fonction de former des hommes, c'est principalement à leur âme que je m'adresse ; c'est leur sensibilité que je veux intéresser en faveur de cette jeunesse que ma sollicitude voudrait accompagner dans l'avenir. Bientôt jetée dans les orages du monde, hélas ! elle n'aura d'autre garde que les principes dont vous l'aurez prémunie, et d'autre égide que les vertus qu'elle aura puisées dans vos préceptes et dans vos exemples.

« Laissez couler de votre sein sur ces jeunes plantes quelques émanations de cette vigilance, de cette tendresse paternelle qui ne ressemble à aucune autre, qu'aucune autre affection, qu'aucun devoir surtout ne saurait remplacer sur la terre.

« L'homme qui élève l'enfant d'autrui, disait Zoroastre, plante un chêne sous lequel les siens trouveront un jour un abri contre la tempête. A cette récompense que votre cœur ne repoussera point vous réunirez la récompense de tous les êtres pensans, de tous les amis de l'instruction....

« Vous, mes jeunes amis, sachez que la plupart des talens sont un don gratuit du ciel généreux ; l'usage seul qu'on en fait donne des titres à l'estime publique. Rappelez-vous qu'en acceptant aujourd'hui le prix des espérances que vous donnez à l'Etat, vous contractez envers lui un engagement solennel de les réaliser un jour.... »

Trois élèves : Jean Reynaud, Guillaume Cazeaux et Alexandre Roux ont ensuite récité des morceaux de leur composition. Ces morceaux et les discours qui avaient précédé ont été couverts d'applaudissemens réitérés...

Le préfet et son cortège sont retournés en ordre au son de la musique, les élèves couronnés marchant à leur tête. Ils se sont rendus à la mairie, où a été servi un dîner présidé par le goût, la décence et une joie douce et aimable, et quelquefois interrompue par les toasts les mieux assortis à la fête des arts et des sciences et à la réunion des autorités religieuses, civiles, militaires et judiciaires.

Le spectacle qu'a offert cette journée, les vives émotions qu'il a fait naître ne s'effaceront pas de longtems de l'esprit et du cœur de tous ceux qui en ont été les témoins.

Cette cérémonie a confirmé une observation bien agréable pour les amis des arts ; c'est que les sciences et les lettres reprennent de plus en plus leur ancien empire, à l'ombre de la paix et sous l'égide d'un Gouvernement sage et éclairé qui les protège et les encourage (1) ».

Cette distribution solennelle de prix où quelques élèves d'élite furent particulièrement distingués et fêtés (2) marque la dernière manifestation officielle à

---

(1) Arch. départementales.

(2) *Compte-rendu de la distribution des prix à l'Ecole Centrale du 7 fructidor, an X.*

«... On ne doit point omettre que les jeunes Barthélemy, Raynaud et Laure, qu'on retrouvait avec intérêt parmi les convives, avaient été, par une mention particulière, désignés pendant la cérémonie à l'estime de leurs concitoyens, à la

laquelle donna lieu l'Ecole centrale. Le compte-rendu en fut envoyé au Gouvernement (1) qui, de son côté, avait demandé le tableau-palmarès établi d'après un modèle règlementaire et reproduit plus haut (2).

---

bienveillance des autorités de Toulon et aux soins paternels du Préfet du Var : Le premier, pour ses talens surprenans dans l'étude des mathématiques ; le second, pour ses progrès distingués dans celle des langues ; enfin, le troisième, pour la perfection de ses dessins.

« Le spectacle qu'a offert cette journée, les vives émotions ne s'effaceront pas de long-temps de l'esprit et du cœur de tous ceux qui en ont été témoins. L'instruction publique y gagnera ; l'Ecole centrale plus connue, sera plus fréquentée. Ce triomphe des sciences et des arts grossira la foule de leurs adorateurs. et sera sur-tout pour le magistrat, le jury et les professeurs qui l'ont préparé de concert, un titre à de justes éloges et la matière des plus doux souvenirs. »

JOURNAL DU VAR, *rédigé par la Société d'Emulation de ce Département*, du 26 fructidor an X de la République française, n° 25.
(Arch. comm. de Sanary).

(1) Paris, le 16 vendémiaire an XI de la République française,
Le Conseiller d'Etat chargé de la Direction et de la surveillance de l'Instruction publique, au Préfet du Var.

« J'ai reçu, citoyen Préfet, la lettre du 15 fructidor, par laquelle vous me rendez compte de la distribution des prix à l'Ecole centrale.
Je ne puis qu'applaudir à la solemnité que vous avez mise à cette cérémonie, au zèle des professeurs et au vôtre, et aux succès des élèves. »
Je vous salue,

FOURCROY.

(Arch. Départementales.)

(2) Paris, le 30 fructidor an X de la République française.
« Je vous invite, citoyen Préfet, à former sans délai l'état de tous les élèves qui ont remporté des prix cette année à l'Ecole centrale de votre département en vous conformant au tableau ci-joint.

L'Ecole Centrale du Var avait vécu.

En effet, un arrêté des Consuls décida qu'elle cesserait de fonctionner à la date du 1er nivôse an XI (1).

Ma demande a pour objet de faire connaître au Gouvernement les élèves qui se distinguent dans chaque département, les espérances qu'il peut en concevoir et les encouragemens qu'il peut être convenable de leur donner. »

Je vous salue. FOURCROY

(Arch. départementales.)

(1) Paris, le 13 brumaire, an XI de la République française.
Le Conseiller d'État chargé de la Direction et de la surveillance de l'Instruction publique, au Préfet du département du Var.

« En vertu de l'arrêté des Consuls du 24 vendémiaire relatif à l'établissement d'un Lycée dans la ville de Marseille, l'École centrale du Var, citoyen Préfet, sera fermée à dater du 1er nivôse.

Conformément au même arrêté, vous voudrez bien, à la réception de la présente, faire mettre le scellé sur les bibliothèques, cabinets et autres dépôts appartenant à ladite école, de manière cependant que les objets de sciences et d'arts les plus nécessaires aux leçons des professeurs leur soient laissés sur leur reconnaissance.

Par ce moyen l'instruction ne souffrira pas pendant le tems qui s'écoulera entre le moment actuel et celui de la fermeture de votre Ecole centrale. Les professeurs en continuant leurs fonctions avec l'activité qu'elles exigent donneront aux Inspecteurs des études une plus haute idée de leurs talens et de leur zèle.

En vous recommandant l'exécution de cet arrêté, je vous invite, citoyen Préfet, à vous occuper des moyens de dédommager la ville de Toulon et le département du Var de la perte de leur Ecole centrale, par l'organisation des Ecoles secondaires.

Vous pouvez être assuré que le Gouvernement ne perdra pas de vue l'Instruction publique dans ce département et qu'un assez grand nombre d'élèves y sera choisi pour remplir les places gratuites dans le Lycée de Marseille. »

Je vous salue. FOURCROY.

(Arch. départementales)

Mais en attendant la création d'une *Ecole secondaire* demandée par le Conseil municipal (1) et le sous-préfet (2), la Ville maintint à ses frais les études dans l'établissement légalement supprimé.

---

(1) *Délibération du Conseil municipal du* 15 *fructidor an* X.
«...Et de même suite, le Conseil, sur la proposition d'un de ses membres, a délibéré l'établissement d'un pensionnat à la maison connue sous le nom de l'Oratoire, et quant à la somme à allouer pour le dit établissement, tant pour le traitement des professeurs que pour les réparations indispensables au dit local, le Conseil municipal a délibéré la somme de dix mille francs pour le traitement des professeurs et décide de renvoyer à la séance du 27 pour le vote de la somme à allouer pour les réparations. »
Reg. D. 16 f° 65. Arch. commun. de Toulon.

(2) Toulon, le 20 fructidor an X de la République française une et indivisible.

Le sous-préfet du 4ᵉ arrondissement communal du département du Var, au citoyen Préfet du Var.

« Les dispositions prescrites par l'arrêté des Consuls du 4 messidor dernier, et par lesquelles les sous-préfets sont chargés de visiter toutes les écoles de leur arrondissement, et de désigner celles qui peuvent être *écoles secondaires*, ont été remplies pour mon arrondissement par l'examen des instituteurs auquel il a été procédé par le jury spécial nommé par votre arrêté du 25 germinal an X.

Je vous transmets le tableau des instituteurs et institutrices présentant leurs nom, prénoms, âge, ancienne profession, leur demeure, ce qu'ils peuvent enseigner, et le nombre de leurs élèves. Vous y verrez qu'aucune de ces écoles particulières ne réunit les objets d'enseignement qui, d'après la loi du 11 floréal dernier, peuvent constituer une école secondaire.

Il m'est pénible, citoyen Préfet, d'avoir à vous dire que mon arrondissement est absolument pauvre en moyens d'instruction.

Jusqu'en 1793, toutes les communes de mon ressort n'avaient d'autre ressource pour l'enseignement que le collège qui était établi à Toulon, et auquel était attaché un pensionnat. Ce collège

Un arrêté préfectoral du 12 frimaire, an XI (3 décembre 1802) avait remplacé l'école centrale par une école

était divisé pour l'enseignement de la manière suivante : on y enseignait la langue latine, la langue française, la géographie, les belles lettres, la logique, la physique, les mathématiques. Le pensionnat était toujours composé de 70 élèves ; il était confié à des oratoriens. La commune de Toulon avait fait bâtir dans le tems le local servant d'emplacement ; elle donnait annuellement aux Oratoriens une somme de 7.000 francs qui jointe au bénéfice du pensionnat suffisait pour faire aux professeurs un sort convenable.

Ce n'est qu'en rétablissant le collège qu'on peut se promettre d'avoir dans mon arrondissement une école secondaire si nécessaire pour donner aux communes qui le composent les moyens d'instruction dont elles ont un si pressant besoin.

Le local n'a point été vendu. La Marine le fait occuper par des troupes, mais sans titre de concession ; et les troupes peuvent être facilement réunies dans d'autres locaux dont la Marine est en possession.

La commune de Toulon peut facilement trouver dans les ressources que va luy assurer son octroi mis en régie intéressée les moyens de le faire réparer et de le réaproprier à sa première destination. Elle peut ainsi trouver dans ses recettes annuelles de quoi salarier les professeurs nécessaires, qu'on pourra choisir parmi les anciens professeurs qui existent encore, et que la reconnaissance due à leurs services n'a pas permis de perdre de vue.

Elle peut rétablir sous la direction de ces professeurs le même pensionnat, absolument nécessaire pour garantir aux parents des élèves qui n'habitent pas Toulon la surveillance de leurs enfans.

Un directeur du collège, un professeur de langue française et des langues anciennes, un professeur d'histoire et de géographie, un professeur de belles lettres, un professeur de mathématiques et un professeur de dessin peuvent remplir dans cette école secondaire tous les degrés d'instruction que le Gouvernement désire, et former une pépinière d'élèves en état de concourir dans les lycées. Deux personnes peuvent suffire à la direction et à la surveillance du pensionnat.

secondaire dont le personnel fut emprunté en entier à l'établissement frappé par la loi de floréal (1), mais qui continua de fonctionner sans changement jusqu'aux vacances de l'an XII.

Quoique d'après la loi, un professeur de dessin ne soit pas en général reconnu nécessaire pour les écoles secondaires, je le crois très utile à Toulon, parce que dans ce pays chef lieu et dans tous ceux qui en ressortissent, pour tous les jeunes gens se destinant à un service public de terre ou de mer, les principes du dessin sont une partie essentielle de l'éducation qui leur convient.

Je vous ai déjà fait parvenir, il y a quelque tems, une délibération de Conseil Municipal de Toulon par laquelle il réclame l'autorisation de rétablir ce collège pour école secondaire aux frais de la commune, et mon avis favorable à cette demande vous a fait connaitre mes motifs.

Veuillez bien, citoyen Préfet, obtenir du Gouvernement l'autorisation que l'article 18 de la loi du 11 floréal an X exige. Rien n'est plus urgent. Le deffaut d'instruction pendant dix ans a fait dans ces contrées un si grand mal qu'on ne peut trop s'empêcher d'y remédier. »

Je vous salue.

Senès le Jeune.

(Arch. départementales).

(1) «... Le Préfet du Var considérant que la commune de Toulon et celles environnantes restent sans moyens d'instruction par la suppression de l'école centrale, à laquelle ne peuvent suppléer les écoles primaires bornées aux élémens des premières connaissances; que le Conseil municipal, convaincu de la nécessité d'une école secondaire, a délibéré de réclamer, par l'intermédiaire du préfet, la restitution du ci-devant collège de l'Oratoire construit aux frais de la commune et occupé sans concession depuis la guerre par des militaires; que le dit Conseil municipal, dans son budget de l'an XI, a fait un fonds annuel de dix mille francs pour le traitement des professeurs.

Considérant que le sacrifice du temps nécessaire tant pour obtenir du gouvernement la restitution de cet édifice que pour les réparations et nouvelles distributions qu'il exige fairait

En effet, un arrêté ministériel du 20 ventôse an XI perdre aux élèves le fruit de leurs études s'il n'était provisoirement pourvu à un autre local.

Considérant la facilité et l'avantage d'utiliser des professeurs que la suppression de l'Ecole Centrale laisse sans fonctions et dont le zèle mérite, à titre de reconnaissance publique, que l'instruction leur soit confiée de nouveau, Arrête :

Art. 1er. — La délibération de la commune de Toulon pour l'établissement d'une maison d'instruction est autorisée.

....

Art. 5. — Le Collège sera divisé en trois classes, dont les deux premières seront elles-mêmes divisées chacune en deux sections, On y enseignera :

PREMIÈRE CLASSE. — Langues, Géographie, Histoire

1re Section. — Les principes des langues française et latine, la chronologie, les élémens de la géographie et de l'histoire.
Professeur Décugis.

2e section. — Continuation des mêmes études.
Professeur André.

DEUXIÈME CLASSE. — Grammaire, Littérature, Art oratoire

1re section. — Grammaire générale, humanités, littératures française et latine.
Professeur Ortolan.

2e section. — Rhétorique, étude des auteurs français et latins.
Professeur Martelot.

TROISIÈME CLASSE. — Mathématiques.

Arithmétique, algèbre, géométrie, application de l'algèbre à la géométrie et aux sections coniques.
Professeur Suzanne.

Le dessin étant un art indispensable pour l'architecture civile et militaire, et plus particulièrement pour tous les genres des services attachés à la marine, il sera établi une école de dessin.
Professeur Julien.

(12 mars 1803) (1) autorisait la ville de Toulon à établir son *école secondaire* dans le local du ci-devant collège de l'Oratoire ; mais cet arrêté fut rapporté par un autre daté du 21 fructidor an xi (8 septembre 1803) (2) qui permettait de rester dans le bâtiment de l'ancien Evêché (cours Lafayette), où l'école centrale avait fonctionné jusque-là.

L'ouverture de l'école secondaire eut lieu le premier brumaire an xii (24 octobre 1803), ainsi que le prouve une affiche que le maire fit apposer dans la ville et les localités environnantes (3).

Art. 6. — Les professeurs recevront chacun un traitement de 1.200 francs.
Art. 7. — Indépendamment de leur traitement fixe, les professeurs sont autorisés à recevoir chacun d'eux, à leur profit particulier, deux francs par mois de leurs élèves à titre de supplément de traitement et d'indemnité pour leur logement personnel. »
(Arch. com. de Toulon.)

(1) Bulletin des Lois, arrêté n° 2.400, tome i an xi, p. 531.

(2) Bulletin des Lois, arrêté n° 3163, tome ii an xi, p. 939.
« Arrêté qui rapporte celui du 20 ventôse an xi par lequel le Gouvernement avait concédé à la commune de Toulon, pour l'établissement d'une école secondaire, le ci-devant Collége de l'Oratoire, définitivement affecté au service de la marine, et autorise cette commune à établir son école secondaire dans le local de la ci-devant école centrale. »
(Saint-Cloud, 21 fructidor an xi).

(3) OUVERTURE DE L'ÉCOLE SECONDAIRE COMMUNALE

Le Maire de la ville de Toulon prévient ses concitoyens que l'ouverture de l'école secondaire communale est fixée au premier brumaire, lundi prochain.

L'essai des écoles centrales marque une date dans l'histoire de l'instruction publique en France. Mais cette institution était conçue sur un plan factice qui manquait d'une base sérieuse et indispensable, les connaissances élémentaires. Leur insuccès est dû d'ailleurs à des causes multiples : les longues guerres du Directoire, les troubles qui agitaient sans cesse ce gouvernement, le régime de l'externat qui ne permettait pas d'étendre le recrutement à toute une vaste région, l'exclusion de tout enseignement doctrinal et par suite l'hostilité du clergé et des royalistes, un niveau d'enseignement trop élevé et un programme trop touffu comparé au programme si réduit des écoles primaires, de sorte qu'il existait une lacune profonde entre deux ordres d'écoles qui devaient se faire suite.

Les écoles centrales n'avaient donc pu atteindre le but qui leur avait été assigné.

Mais, en ce qui touche le département du Var, il est juste de reconnaître la valeur, le zèle et la parfaite entente du personnel, la compétence et la bonne volonté des autorités locales, et même les résultats effectifs

---

On y enseignera les langues latine et française, la cronologie, la géographie, l'histoire, la grammaire, les humanités, la rhétorique, les mathématiques, l'algèbre et le dessin.
Les professeurs de la dite école sont toujours les mêmes, c'est en dire assés pour assurer les parens des progrès des élèves qui seront confiés à ces hommes de mérite.

A Toulon, le 28 vendémiaire an XII de la République française.

Le maire,
BOISSELIN, fils.

(Arch. comm. de Toulon).

obtenus malgré les circonstances contraires.

Si les écoles centrales telles qu'elles avaient été organisées avaient été viables, celle du Var aurait pu tenir un rang honorable, et c'est là un hommage à rendre à tous ceux qui ont contribué à sa prospérité relative au cours de son éphémère existence.

APPENDICE

DISCOURS

PRONONCÉ PAR LE CITOYEN FAUCHET, PREFET DU VAR,
A L'OUVERTURE DES ECOLES CENTRALES, A TOULON,
LE 2 BRUMAIRE DE L'AN IX DE LA RÉPUBLIQUE FRANÇAISE,
UNE ET INDIVISIBLE.

(Voir page 93.)

Tous ceux qui ont médité sur la chûte et la durée des nations conviennent unanimement que leur sort dépend en grande partie de l'institution de la jeunesse.

Si l'esprit public, ce grand ressort de la machine politique, est en opposition avec la Constitution adoptée, bientôt un frottement destructeur s'établit dans tous les mouvemens : fatigués par un froissement continuel, les liens du corps social se relâchent ou se déchirent avec violence, et l'Etat dissous tombe en pièces.

Mais l'esprit public n'est que le résultat des mœurs et l'expression de l'opinion générale : or, quelle autre puissance peut créer l'esprit public et le maintenir en harmonie avec le pacte social, si ce n'est une institution profondément combinée, qui, coordonnant l'éducation avec le système établi, aprenne aux citoyens à respecter ce que la Constitution honore, à vouloir ce qu'elle commande, à chérir ce qu'elle aime, à haïr ce qu'elle proscrit ; qui, dirigeant enfin sur elle toutes les affections et toutes les volontés, sculpte en quelque sorte le caractère de chaque individu d'après celui de la Famille générale.

Il ne faut pas nous le dissimuler, si la force a créé les tyrans, l'éducation a formé les esclaves et perpétué la tyrannie. C'est en éteignant dans la jeunesse le feu des passions généreuses, c'est en la laissant dans l'ignorance des droits imprescriptibles des hommes qu'on est parvenu à couvrir la terre d'un avilissement général.

La coupe de Circé, changeant en brutes les malheureux qui s'y abreuvaient, est l'emblême fidèle de l'éducation publique dans une grande partie de l'Europe ; instrument de fer dans la main des gouvernemens, elle leur sert à dompter leurs sujets comme de vils animaux et à les façonner au joug le plus honteux.

Mais du moins ils sont conséquens dans le système qu'ils ont adopté L'éducation qu'ils font donner aux peuples, raffermit et éternise leur tyrannie.

Or, pourquoi ne ferions-nous pas pour la conservation de notre liberté ce qu'ils ont osé concevoir et exécuter pour le maintien de leur domination absolue ?

Plus une constitution exige de devoirs de ceux qu'elle régit et plus elle a besoin de l'éducation pour faire connaître ces devoirs et en faciliter l'exercice. Mais, utile à tous les gouvernemens, une institution appropriée est indispensable dans les républiques si l'on veut en prolonger la durée au-delà de la génération courageuse qui l'a conquise.

Dans cette constitution héroïque tout est grand, mais tout est continuellement tendu et en effort. Là, la vertu indispensable à chaque individu est la préférence habituelle de l'intérêt public au sien propre ; là, la première des passions est l'amour de la Patrie ; là, enfin, chaque citoyen dans chaque acte de sa vie doit être un Curtius prêt à tout sacrifier à sa patrie, autrement il cesse d'être un citoyen.

Les devoirs d'un républicain présentent sans cesse les plus grands contrastes et exigent l'exercice des vertus les plus opposées.

Plus qu'indépendant et vraiment souverain dans la formation de la loi, il en devient et demeure le sujet soumis dès qu'elle est prononcée. Ainsi le statuaire, maître de son génie et de son ciseau dans son atelier, fléchit à son tour un genou respectueux devant le dieu qu'il a créé.

La liberté même se compose d'indépendance et de soumission en lui donnant la faculté de résister, sous l'égide des loix, à tout ce qu'elle n'exige pas ; elle lui impose l'obligation d'obéir passivement à la volonté générale.

En l'élevant au droit de prétendre à tout, l'égalité politique lui impose le devoir de tout céder au mérite. En nivelant les rangs autour de lui, elle lui prescrit la déférence et la considération pour l'âge, les talens et les services rendus à la patrie ; en la dispensant de la subordination personnelle envers les hommes éminens en dignité, elle exige d'eux le respect pour les fonctions qu'ils remplissent et l'obéissance aux ordres qui en résultent.

Or, nous le répétons, quelle autre puissance que l'éducation peut créer des hommes propres tout à la fois à exercer tant de droits sans troubler l'harmonie générale, et pratiquer tant de soumissions sans avilir leur âme et violer leur indépendance ?

Instituteurs ! c'est à vous que le Gouvernement a confié cette grande mais pénible tâche. Il vous remet une jeunesse intéressante, pour en faire sur ce type des hommes dignes de la République et de lui. Dites à vos élèves que leurs pères leur ont conquis la liberté, qu'elle fera partie de leur héritage, et qu'ils n'auront plus qu'à la conserver ; mais peignez-là sous ses véritables couleurs pour qu'ils ne la confondent pas avec l'insubordination. Une indépendance absolue n'existe nulle part ; il faut opter entre la soumission aux lois ou l'asservissement aux hommes. On est libre quand on n'obéit qu'aux lois, on est esclave lorsqu'elles sont remplacées par l'autorité arbitraire.

On est libre quand les lois sont faites par le peuple ou la représentation constitutionnelle du peuple ; on est esclave quand elles sont l'ouvrage de la volonté particulière, fût-elle juste et désintéressée.

A l'aide de cette définition simple de la liberté, la jeunesse connaîtra ce qu'elle a à faire pour conserver intacte et transmettre dans toute sa sureté ce dépôt précieux.

Constans à imprimer dans leur âme les sentimens et les principes de la Constitution elle-même, vous achèverez l'ouvrage de ses fondateurs en préparant par ces leçons le véritable esprit public qui reste à former. Ainsi associés à leurs travaux, le partage de leur gloire sera votre récompense.

Mais après avoir satisfait à ce premier devoir, il vous en restera un non moins important à remplir.

Dans une République, la Constitution appelant indistinctement à toutes les fonctions publiques, l'institution doit être telle que le plus grand nombre acquière les vertus et les connaissances pour les exercer. On apprendra donc dans vos leçons que le législateur doit être grand et indépendant dans son caractère, juste et élevé dans ses conceptions, éloquent et clair dans la manifestation de ses idées : que le magistrat doit être ferme sans rudesse, affable avec dignité, intègre sans affectation, et réunir surtout le double mais trop rare courage d'exiger le devoir du peuple et de faire connaître la vérité à ceux qui le gouvernent. Ainsi, formant le caractère de vos élèves aux grandes qualités politiques, vous écarterez en même temps du plan de vos études toutes les connaissances futiles, pour ne nourrir leur esprit que des sciences utiles à l'Etat.

La science n'a des droits à la reconnaissance des peuples que lorsqu'elle applique ses spéculations à l'accroissement de la prospérité publique. Combien, dit Cicéron, Xerxès eût été tout à la fois méprisable et ridicule, s'il n'eût rassemblé de nombreuses armées, jetté des ponts sur la mer, percé des montagnes que pour rapporter quelques parcelles de miel de l'Attique. Le même jugement doit être porté des études inutiles. Plus elles sont hérissées de difficultés, plus elles coûtent d'efforts, plus elles consument de temps, et plus elles ne méritent que le mépris général lorsqu'elles ne produisent rien pour le bonheur commun.

Mais si la mesure de l'estime accordée aux sciences est dans le bien qu'elles produisent, celle de la reconnaissance due aux instituteurs sera dans le choix de leur méthode, la clarté de leur doctrine, la justesse de leurs préceptes; on comprendra leurs services par le nombre d'hommes utiles qu'ils remettent à l'Etat : ce sera sur cette échelle qu'ils trouveront marqué par le jugement national le degré de considération qu'ils auront mérité.

Dans les Républiques, où les passions jouent un si grand rôle, l'art de parler au cœur doit être enseigné avec celui de convaincre l'esprit. La plupart des hommes agissent plus par le sentiment que par conviction, parce que le raisonnement lutte avec eux, et que le sentiment les persuade et les entraine. L'enseignement public doit donc dans ce gouvernement former les hommes à l'éloquence.

Mais ce grand levier du cœur humain a son point d'appui dans l'art de l'élocution ; on doit donc faire connaitre aux élèves toutes les ressources de la langue et donner à leur prononciation la force et la souplesse nécessaires à tous les tons.

La langue française ne manque ni de coloris, ni d'abondance, ni de hardiesse ; nos chefs d'œuvres de tous les genres l'ont démontré à l'Europe ; et si dans nos tribunes la langue prononcée semble se refuser aux grands mouvemens de l'éloquence, c'est que la plupart de nos orateurs, blessant sans cesse sa prosodie, négligent l'étude de ses rapports avec les affections de l'âme.

Combien peu de gens savent qu'un son plein, ouvert, volumineux ébranle les fibres du cœur et les monte au ton des plus grandes passions ; que les aspirations de la voix, rares ou fréquentes, suivant l'effet qu'on veut produire, l'émeuvent depuis la sensibilité jusqu'à la douleur la plus excessive ; que les fréquens écarts de l'intonation le troublent, l'égarent et l'enlèvent : que la justesse et la marche égale de la voix le calme et l'adoucit ; que les modulations doucement variées l'égaient, le flattent et le captivent.

La résonance, l'intonation et le mouvement sont les trois cordes de cet instrument magique ; la véritable éloquence naît de leur accord parfait avec le sentiment qu'on veut transmettre ; la science et l'usage de ces accords furent tous les secrets des Grecs dans ce genre ; ils leur valurent le titre de peuple orateur. A l'enseignement de cet art trop souvent employé à égarer les peuples, vous joindrez l'étude de l'histoire.

L'histoire est un grand tableau dont la mémoire est la toile et le temps passé le sujet ; là, vont se peindre avec les actions des hommes, leurs opinions, leurs fautes et leurs erreurs Elle est grande et instructive, quand le génie tient le pinceau et la vérité donne les teintes.

Ecrire l'histoire est moins raconter des événemens que les moraliser ; c'est indiquer dans chaque situation les motifs qui ont fait agir les acteurs de la scène du monde pour apprendre à éviter leurs erreurs ou imiter leur sagesse.

Compiler des faits, c'est donner la silhouette des siècles et non pas rendre leur physionomie, c'est surcharger l'esprit et non l'instruire.

Vous apprendrez donc à vos élèves à étudier les hommes dans les événements ; la science de l'histoire est celle des hommes agissant et des motifs de leurs actions. Pour la recherche des faits, vous consulterez les relations originales ; chercher les matériaux de l'histoire dans les commentateurs, c'est peindre d'après des copies, c'est s'exposer à manquer la ressemblance.

Un professeur habile peut former un républicain dans l'histoire d'une monarchie ; mais il est plus convenable de choisir les sujets de vos instructions chez les peuples dont le Gouvernement est le plus analogue à celui dans lequel vos élèves doivent vivre ; vous serez alors dispensés de réduire les proportions du modèle.

Rappelez-vous surtout que c'est l'historien et non le sujet qui fait le mérite de l'histoire ; la même matière était changée en or par Midas et en mets immondes par les Harpies. Ce sera à votre jugement de choisir sur la généralité des historiens. Votre soin sera de chercher l'or dans l'immensité des sables, votre devoir de le représenter sans aucun alliage qui puisse induire à erreur les âmes neuves que le Gouvernement vous confie.

Avec l'étude de l'histoire peut marcher celle des sciences exactes. Ici, les passions se taisent et l'esprit seul parle à l'esprit.

L'Europe doit aux sciences exactes la perfection de la navigation maritime, l'ouverture des canaux et en général les progrès de presque tous les arts utiles. Sur la foi de l'assertion, l'homme a pris des guides dans le ciel et franchi les mers, allumé des flambaux et pénétré dans les entrailles du globe. Leurs calculs ont ainsi attaché partout le fil d'Ariane, et dirigeant le génie dans l'espace sans borne, comme dans les plus épaisses ténèbres, ils ont éclairé sa marche et hâté ses succès.

Newton, écrivant dans ses équations le secret de l'univers et les lois éternelles de ses mouvemens, prouve assez jusqu'à quelles hauteurs ces sciences sont élevées ; l'avenir de la nature devient présent dans leurs livres et la nature étonnée ne les dément jamais.

Les mathématiques ou pures ou appliquées ont

conduit à la perfection toutes les découvertes dont les nations éclairées s'honorent.

L'eau qui se précipite en écumant sur les roues motrices de nos plus belles machines et celle qui s'élève en vapeur pour retomber en nappes et désaltérer nos villes ; le simple levier qui soulève les masses et l'art qui les ordonne en palais ou les dispose en édifices modestes mais utiles ; l'aiguille préservatrice qui neutralise les foudres du ciel et le tube destructeur qui lance celles de la terre ; la chaîne du simple manouvrier qui mesure les distances et le verre magique qui les rapproche et les efface ; en un mot, presque tous les prodiges créés par les besoins, les plaisirs et les passions des hommes sont sous la direction de cette science étonnante.

Mais tandis que sa main puissante donne le mouvement à l'univers industriel, la physique étudiant tous les corps étend l'empire des découvertes ; à l'aide de ce qu'on est convenu d'appeler l'histoire naturelle, elle cherche et classe les objets, indique les lieux qui les possèdent et les caractères auxquels ils seront reconnus ; et par le moyen de la chimie, elle étudie leur principe et fait connaître leurs propriétés. Ainsi toutes les sciences s'éclairent respectivement de leurs lumières, arrivent d'un pas plus rapide et plus sûr au but commun de leurs efforts, celui d'enrichir l'humanité de nouveaux biens ou de soulager quelques uns de ses maux

Le naturaliste fournira le platine à l'astronomie, et les télescopes perfectionnés, rapprochant le ciel, des observations plus exactes rassurent l'élan hardi des navigateurs. Franklin, la tête levée vers le ciel, découvre l'électricité et bientôt une verge magique dérobe la foudre aux nuages et l'homme désarme les dieux.

Née dans les ateliers obscurs des arts mécaniques, la chimie redescend riche d'instruction dans son berceau, et soudain la pourpre de Tyr reparaît plus brillante sur les bords modestes des Gobelins.

Une coupable imprévoyance livre sans défense au sol ennemi les pieds dépouillés de nos héros. La chimie entend le cri de l'armée ; par de nouvelles combinaisons, le cuir ne sortant jadis que bisannal de la fosse, en sort aujourd'hui après huit jours et donne à l'armée le moyen de reprendre sa marche victorieuse.

L'humanité compte encore des biens à acquérir et des besoins à satisfaire ; il s'en faut que la nature ait livré toutes ses recherches ; les arts, les arts dispensateurs de l'aisance et des commodités privées, ont beaucoup à créer et plus encore à perfectionner ; quelle immense carrière d'amélioration vous est donc ouverte !

La situation de la France l'appèle au premier degré de considération, de puissance et de richesse ; mais, jeunes gens ! c'est de la réunion de vos vertus, de vos lumières, de vos talens, de vos efforts que dépend la durée de sa grandeur. Vos pères ont vaincu l'Europe et l'ont instruite à la liberté, le succès de cette sublime tentative suffit pour honorer leur génération ; des devoirs et une gloire d'un autre genre nous attendent; bientôt nous passerons, et vous demeurerez chargés du soin de vos destinées. Quelqu'immense que soit le prix dont nous avons payé votre affranchissement, aucun regret n'affligera l'heure de notre retraite, s'il nous est permis d'espérer que votre sagesse conservera ce que notre dévouement a su acquérir. Le Gouvernement vous demandera le retour de la confiance et de la paix intérieures, le rétablissement de l'agriculture, du commerce et de tous les élémens de la prospérité publique. Comment répondrez-vous à ses vues et seconderez-vous ses efforts, si vous n'avez acquis d'avance les vertus et les instructions indispensables pour remplir cette grande tâche?

Jeunesse intéressante, espoir de la République, croissez avec elle et pour elle ! formez vos âmes sur son grand caractère, ornez vos esprits pour l'honorer, éclairez-vous de toutes les connaissances pour la servir ; chacun de vos talens, chacune de vos dispositions morales est une propriété publique, il ne vous est pas permis de la négliger.

Vos instituteurs ont la confiance du Gouvernement ; ils l'ont appelée par leur réputation, ils l'ont justifiée par leur mérite ; faites qu'ils y répondent par le succès.

Gravez leurs leçons dans vos âmes, formez-vous sur leurs exemples afin qu'ils puissent dire à la patrie : Vous nous avez remis des enfants, votre espérance, et nous vous rendons des hommes et des citoyens.

(Archives Nationales. — Carton F 17a 1344, pièce 33).

TABLE DES MATIÈRES

Les plans d'éducation au début de la Révolution	3
La loi du 27 brumaire an III	4
La loi du 7 ventôse an III supprimant les collèges et instituant les Ecoles Centrales	6
La Loi restrictive du 3 brumaire an IV et sa répercussion sur les Ecoles Centrales	13
Rapport de Fourcroy au Conseil des Anciens du 25 messidor an IV	16
Création de l'Ecole Centrale du Var, le 2 pluviôse an VI	29
Cérémonie d'installation de l'Ecole Centrale, le 12 germinal an VI (21 janvier 1798)	32
Procès-verbal et palmarès de la distribution des prix de l'Ecole Centrale du 30 fructidor an VI	35
Plan d'enseignement dressé pour l'Ecole Centrale :	
1º Dessin	37
2º Histoire naturelle	38
3º Langues anciennes	41
4º Mathématiques	45
5º Grammaire générale	47
6º Belles-lettres	50
7º Histoire	52
8º Législation	55
Règlement du pensionnat	58
Les Ecoles Centrales mises à la charge des départements	61
Fête décadaire et distribution des prix du 30 thermidor an VII	65
Projets d'amélioration en faveur de l'Ecole Centrale :	
1º Mémoire du citoyen Segondy, bibliothécaire	68
2º Mémoire du citoyen Suzanne, professeur	71

TABLE DES MATIÈRES

Cérémonie de la rentrée des classes du 2 brumaire an IX.	88
Concours pour la nomination aux chaires de Chimie et de Physique..................................	99
Concours pour la chaire d'Histoire naturelle............	110
Examens du second trimestre de l'an IX...............	113
Compositions d'élèves du second trimestre de l'an IX :	
1º Analyse littéraire..............................	127
2º Physique et Chimie............................	131
3º Version latine................................	139
4º Version grecque..............................	141
5º Statique.....................................	144
6º Trigonométrie................................	150
7º Géométrie...................................	158
8º Trigonométrie sphérique appliquée à l'astronomie.	166
Procès-verbal de la distribution des prix du 29 thermidor an IX...	171
Répartition des élèves dans les divers cours à la rentrée scolaire de l'an X...............................	178
Compositions d'élèves du second trimestre de l'an X :	
1º Narration française...........................	182
2º Analyse littéraire.............................	184
Tableau d'honneur des élèves........................	190
Préparation de la loi de floréal an X qui supprimait les Ecoles Centrales :	
1º Rapport de Fourcroy au Corps Législatif.........	195
2º Discours de Fourcroy au Corps Législatif.........	197
3º Rapport de Jacquemont au Tribunat.............	199
Distribution des prix du 7 fructidor an X (Cérémonie, discours et palmarès).............................	205
Décision consulaire supprimant en principe l'Ecole Centrale du Var (24 vendémiaire an XI.............	236
Décision ministérielle instituant une Ecole Secondaire à Toulon (20 ventôse an XI).........................	240
Ouverture de l'Ecole Secondaire, le 1ᵉʳ brumaire an XII..	241
Conclusion..	242
Appendice...	245

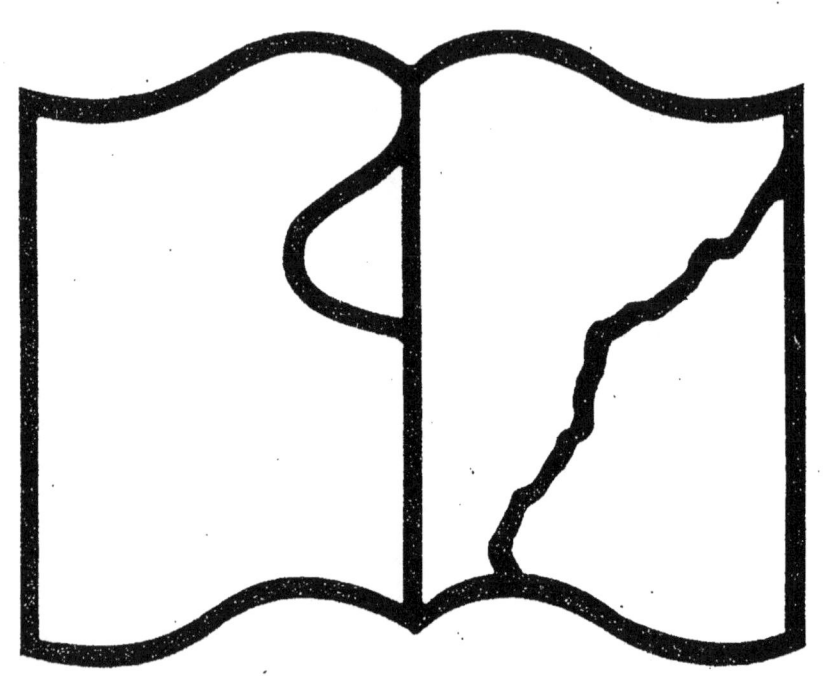

Texte détérioré — reliure défectueuse

NF Z 43-120-11

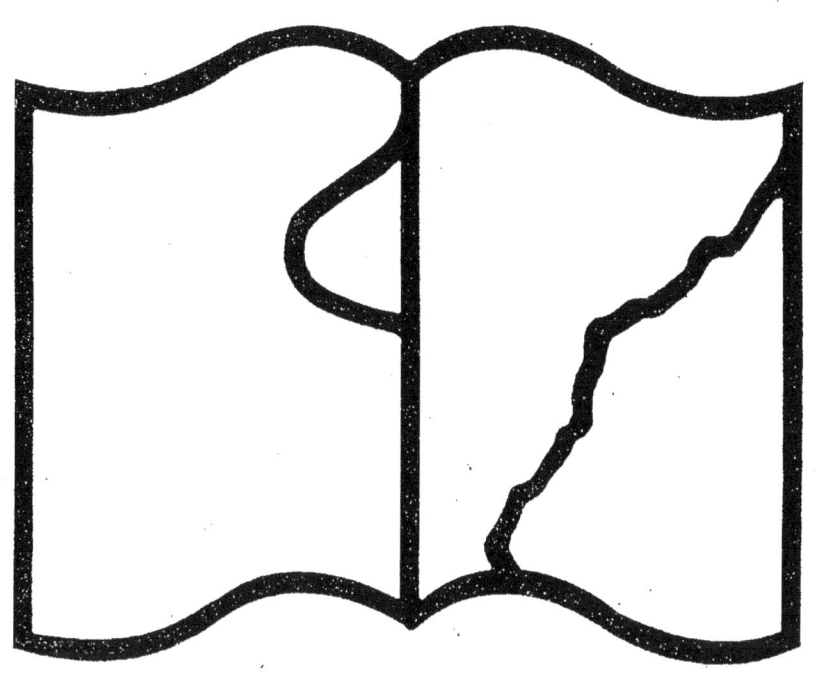

Texte détérioré — reliure défectueuse

NF Z 43-120-11

www.ingramcontent.com/pod-product-compliance
Lightning Source LLC
Chambersburg PA
CBHW050322170426
43200CB00009BA/1419